Die Frauen von Istanbul  Reihe: Via Egnatia

Die Deutsche Nationalbibliothek – CIP-Einheitsaufnahme.
Die Deutsche Nationalbibliothek verzeichnet dieses Buch
in der Deutschen Nationalbibliografie;
detaillierte bibliografische Daten sind im Internet über
http://dnb.d-nb.de abrufbar.

Erste Auflage 2016
© Größenwahn Verlag Frankfurt am Main, 2016
www.groessenwahn-verlag.de
Alle Rechte vorbehalten.
ISBN: 978-3-95771-108-3
eISBN: 978-3-95771-109-0

Gaye Boralıoğlu

Die Frauen von Istanbul

Erzählungen

Aus dem Türkischen
von Wolfgang Riemann
und Monika Carbe

IMPRESSUM

Die Frauen von Istanbul
Reihe: Via Egnatia

Autorin
Gaye Boralıoğlu

Erschienen 2014 bei Iletisim Yayinlari Verlag, Istanbul/TR
Originalausgabe: ›Mübarek Kadinlar‹
© Copyright: Gaye Boralıoğlu

Übersetzung
Wolfgang Riemann und Monika Carbe

Seitengestaltung
Größenwahn Verlag Frankfurt am Main

Schrift
Constantia

Covergestaltung
Marti O'Sigma

Coverbild
© Christos Koliousis, Privatarchiv

Lektorat
Patrizia Seibert, August-Paul Sonnemann

Druck und Bindung
Print Group Sp.z.o.o. Szczecin (Stettin)

Größenwahn Verlag Frankfurt am Main
Oktober 2016

ISBN: 978-3-95771-108-3
eISBN: 978-3-95771-109-0

INHALT

Die Frauen von Istanbul

- 7 Mi Hatice
- 17 Die Reisköchin
- 30 Alis Frau
- 41 Die Träumerin
- 56 Die Toilettenfrau
- 65 Zwei Verkäuferinnen
- 78 Großmutters Vergangenheit
- 91 Die Gefangene
- 108 Die Sängerin
- 116 Tante Nurhayat
- 130 Die Schaufensterpuppe
- 142 Die Mörderin
- 158 Das verschollene Mädchen

- 171 Biographisches

Mi Hatice

Heute war Hatice früher als gewöhnlich zum Bahnhof gekommen. Sie hatte ihre Arbeit beizeiten beendet und wartete wie jeden Tag auf ihren Mann. Sie stand am Rande des Sirkeci Bahnhofs vor den Schaltern der Gepäckaufbewahrung, wo sie die Duftschwaden einhüllten, die von den Würstchen der Imbissbuden herüber waberten. Hatice wartete hier wie gestern, wie vorgestern, wie an den Tagen zuvor, wie an den Hunderten von Tagen zuvor – an die genaue Zahl erinnerte sie sich nicht.

Als zum Nachmittagsgebet gerufen wurde, griff sie instinktiv zu ihrem Kopftuch und band es sich flink und geschickt mit nur einer Hand unter dem Kinn zusammen. Dann neigte sie den Kopf nach vorne und wartete weiter. Dabei fiel ihr Blick auf ihre Zehen, die aus ihren Pantoffeln hervorschauten. Die dünnen Strümpfe hatten eine Laufmasche, die an ihrem großen Zeh begann. Sie versuchte die Zehen einzuziehen. Aber es fiel ohnehin niemandem auf, dass Hatices Strümpfe eine Laufmasche hatten.

Hatice konzentrierte sich auf den Gebetsruf und richtete ihre ganze Aufmerksamkeit darauf, die Worte des Geistlichen zu verstehen. Es gelang ihr nicht. Eigentlich kannte sie den Ruf, denn sie hatte die Worte als Kind auswendig gelernt. Man hatte ihr zwar den Wortlaut beigebracht, doch jetzt bekam sie ihn nicht mehr zusammen. Sie konnte die einzelnen Wörter nicht erfassen. Sie führte das darauf zurück, dass ihr die Wörter nichts sagten. Doch dann fürchtete sie sich vor diesem Gedanken. Wie konnten Gottes Worte denn für sie bedeutungslos sein? Es waren doch nur Wörter in einer anderen Sprache, die Hatice nicht verstand. Aber sie hatten die gleiche Bedeutung, die Hatice, wenn sie nur wollte, in ihrem Herzen spüren konnte. Hatte ihr Großvater nicht gesagt: »Wenn du sie nicht verstehst, dann nimmst du sie mit dem Herzen wahr.« Damit Hatice den Gebetsruf mit dem Herzen verstehen konnte, müsste dieser sie wie auf einer großer Hand aus Wolken emporheben, immer höher hinauf, über diese laut herumschreienden und umhereilenden Menschen hinauf, höher als die Minarette, die Häuser und die Satellitenantennen ... weg von diesem Würstchengeruch ... doch es gelang Hatice nicht. Mit aller Kraft versuchte sie, sich von den Wörtern zu lösen, und sie hoffte, der Ruf des Muezzins würde sie mit seiner jenseitigen Melodie gefangen nehmen. Doch ihre Mühe war vergeblich. Der Gebetsruf zog an ihr vorbei. Seine Wirkung auf sie war nicht einmal so groß wie die der Duftschwaden vom Imbissstand.

In diesem Augenblick empfand Hatice ein seltsames Gefühl des Verlassenseins, das sie jedoch nicht in Trauer versetzte. Ganz im Gegenteil: Sie fühlte eine nicht genau zu beschreibende Beruhigung, ja eine kaum merkliche Erleichterung, und dies bereitete ihr Unbehagen. Wie immer in solchen Situationen begann sie auch jetzt, an ihren Großvater zu denken. Er war ein großer, riesiger Mann mit kräftigen Knochen und einem harten Gesicht. Der Großvater drückte Hatices kleine Hand ganz fest an seine Brust – als wolle er sie vor einer Gefahr schützen, die sie von überallher bedrohen konnte, und ohne ein Wort zu sagen, brachte er sie mit einem besorgten Ausdruck im Gesicht zur Schule. Hatice mochte es sehr, wenn er diese Miene machte. So gefiel er ihr sogar noch besser als wenn er lachte. Wenn Hatice dem Großvater sagte, ihr tue der Arm weh und er solle ihn herunterlassen, hörte dieser gar nicht hin und führte sie bis zum Tor der Grundschule. Dort wartete er, bis seine Enkeltochter in der Schule verschwunden war und er sie nicht mehr sah. Wenn die Glocke das Ende des Unterrichts anzeigte, war Hatice unter den ersten Schülern, die im Tor der Schule erschienen. Blitzschnell suchten ihre Augen den Garten ab, denn ganz bestimmt hielt sich dort irgendwo ihr Großvater auf. Sie wurde nie enttäuscht. Dennoch wurde ihr Herz von Unruhe erfüllt, sobald sich der Zeitpunkt des Klingelns näherte. Dieses Gefühl legte sich erst, wenn sie hinaus gestürzt war und ihn gesehen hatte, wenn sie ihre Hand in seine riesige Handfläche gelegt hatte. Hatice schloss kurz die Augen und versuchte, diese Situation mit allen Einzelheiten im Geiste noch einmal zu erleben. Als sie die Augen wieder öffnete, stand ihr Sacit gegenüber. Sie war versucht ihn anzulächeln, glaubte sogar, ihn mit einem Lachen zu begrüßen, aber in Wahrheit zeigte ihr Gesicht keinerlei Regung. Auch Sacit schenkte Hatice kein Lächeln.

Erst bei Sacits Eintreffen nahm Hatice auch die vielen hundert Menschen im Bahnhof wahr. Verschwitze Gesichter, hängende Schultern, eindringliche Blicke, graue Haare, hohe Absätze, zweireihige Sakkos, Aktenkoffer á la James Bond, Hosenträger, Schlitze in Röcken, Schirmmützen, Hände mit Tüten, müde Füße ... viele Füße. Sacit war schon losgegangen. Um ihn nicht zu verlieren, beschleunigte sie ihre Schritte. Ohne ein Wort zu wechseln kauften sie die Fahrkarten. Schnellen Schrittes liefen sie den Bahnsteig Nummer drei entlang. Sie gingen durch halb besetzte Abteile, setzten sich aber nicht auf die freien Plätze. Im Gedränge trat ihr ein Mann aus Versehen auf die Pantoffeln. Hatice stolperte, doch alle gingen weiter, als sei nichts passiert. Der Zug pfiff, Sacit betrat das letzte Abteil. Hatice folgte ihm und der Zug fuhr los.

Hatice und Sacit setzen sich nebeneinander ans Fenster — mit dem Rücken in Fahrtrichtung. Rückwärts zu fahren und dabei zu beobachten, wie sich die Welt von ihr entfernte, gefiel Hatice gar nicht. Ihr wurde schlecht. So wie der Zug in einem festen Rhythmus über die Gleise rumpelte, wurden auch Hatice und Sacit durchgerüttelt, und ihre schlaffen Knie berührten einander. Doch die beiden nahmen das gar nicht wahr. Auch die anderen Reisenden im Waggon bemerkten nicht, dass die Knie der beiden aneinander stießen.

Moscheen, Paläste und Möwen zogen am Fenster vorbei und blieben zurück. Gemächlich rumpelnd verließ der Zug den Bahnhof.

In Cankurtaran, der ersten Station, an der der Zug anhielt, stieg niemand aus. Aber ein paar Leute stiegen zu. Im Waggon war es inzwischen recht voll. Es war heiß. Unter Hatices Kopftuch sammelten sich Schweißperlen. Als der Zug in Cankurtaran wieder abfuhr, stach Hatice ein seltsamer Geruch in die Nase. Auf ihren Fahrten, die seit vielen Tagen, seit Monaten, ja seit Jahren immer gleich abliefen, fiel ihr heute zum ersten Mal dieser fremde Geruch auf. Sie versuchte das Fenster an ihrer Seite zu öffnen. Mit aller Kraft hängte sie sich an den Griff, doch der Staub, der sich hier in hundert Jahren festgesetzt hatte, erlaubte ihr nicht, das Fenster zu öffnen. Hatice schaute Sacit an. Er hatte seine halb geschlossenen Augen auf einen festen Punkt gerichtet und sich ganz dem Schaukeln des Zuges hingegeben. In der Hoffnung, jemanden zu finden, der ihr beim Öffnen des Fensters behilflich sein würde, blickte Hatice sich um. Doch niemand außer ihr schien sich an dem Geruch zu stören — keiner außer Hatice schien ihn überhaupt wahrzunehmen. Als Hatice sich erhob, um das Fenster zu öffnen, trafen sich ihre Blicke nur mit denen einer weiteren Person: Es waren die Augen einer etwa gleichaltrigen Frau, die auf Hatices Platz schielten. Sie schienen Hatice aufzufordern, sie solle zur Seite treten, wenn sie sich nicht setzen wolle. Da wandte sich Hatice vom Fenster ab und nahm ihren Platz wieder ein. Nach kurzer Zeit vergaß sie den Geruch und vertiefte sich in den Anblick ihrer Hände. Sie sahen nicht wie die Hände einer Putzfrau aus. Sie hatte lange Finger mit kurzen aber regelmäßigen Nägeln. Ihre Hände waren so makellos, wie die eines jungen Mädchens. Hatices Augen suchten die Hände des Mädchens, das ihr gegenüber saß. Sie hatte eine Hand aufs Knie gelegt, die andere hielt der Junge neben ihr. Hatice fragte sich, ob Sacit je ihre Hand gehalten hatte. Doch an eine solche Situation konnte sie sich nicht erinnern. Ihre Augen konzentrierten sich wieder auf ihre eigenen Hände. Mit diesen Händen wollte sie ihren Großvater umarmen. Sie wollte sich an seine Hosenbeine klammern und ihm laut zurufen: »Lass mich nicht allein, verlass mich nicht!« Hatice ballte die Hände zu Fäusten und drückte sie an ihre Brust. Ihr saß ein Kloß im Hals, das betrübte sie sehr.

Bei einem plötzlichen Ruck des Zuges kam Hatice wieder zu sich. Ohne ersichtlichen Grund war der Zug zwischen Yenikapı und Kocamustafapaşa zum Stehen gekommen. Es war keine Station zu sehen, auch kein anderer Zug oder sonst etwas Außergewöhnliches. So lange der Zug hielt, ging auch kein Wind und die Hitze hatte den Waggon fest im Griff. Niemand schien sich zu fragen, was passiert war. Sacit seufzte tief, sagte jedoch kein Wort. Auch Hatice schwieg. Lediglich ein paar Jungen in der Nähe des Ausgangs übernahmen es, die Türen aufzuschieben. Sie streckten den Kopf hinaus und warteten auf die Weiterfahrt. Trotz des fehlenden Windes, der drückenden Hitze und des Schweißgeruchs, der von Sacit ausging, empfand es Hatice als angenehm, dass der Zug stoppte. Dass sie nicht mehr rückwärtsfuhr und dass der Zug still stand, verringerte ihre Übelkeit. Sie ließ ihren Blick über die alten, unansehnlichen Lampen, über die schmutzigen, grünen Wände des Waggons schweifen. Auch der Wagen schwitzte, denn von der Unterkante der Fenster und von der Decke tropften graue, mit Staub vermischte Schweißperlen. Einige Male sah es so aus, als wolle der Zug weiterfahren, doch dann blieb er wieder stehen. Alle Insassen wurden - der Laune des Zuges folgend - hin und her geworfen. Auch die Schweißtropfen an den Wänden änderten die Richtung, in die sie flossen. Nach fünfzehn Minuten fand der Zug seinen alten Rhythmus wieder und fuhr genauso unvermittelt weiter, wie er angehalten hatte.

Als sie in Kocamustafapaşa ankamen, war Sacit eingeschlafen. Hatice betrachtete verstohlen sein Gesicht. Seine geröteten Wangen hingen herunter, seine Lippen waren leicht geöffnet. Zwar schienen seine Augen nicht ganz geschlossen zu sein, dennoch war sich Hatice sicher, dass er schlief. Er nahm nämlich weder den Mann wahr, der in Kocamustafapaşa einstieg und für eine Lira Zitronensaft verkaufte, noch den Jungen, der in Yedikule hereinkam und Plüschpuppen anbot. Und Sacit bemerkte auch das Mädchen nicht, das Kämme verkaufte und den Zug in Zeytinburnu betreten hatte. Mit jeder Station, die sie passierten, schnarchte Sacit ein wenig mehr. Als sie in Yenimahalle anlangten, konnte er seinen Kopf schon nicht mehr halten. Durch das Schaukeln des Zuges wurde sein Kopf viel heftiger und schneller hin und her geworfen. Seine Beine waren weit nach beiden Seiten geöffnet, die Arme hingen ihm am Körper herunter. Hatice betrachtete aus den Augenwinkeln die Schweißtropfen, die von seinen Armen rannen. Sie schämte sich seiner. Wie gut, dass wir nicht miteinander gesprochen haben, dachte sie. So konnte niemand wissen, dass sie Mann und Frau waren. Ja nicht einmal, dass sie sich überhaupt kannten, war für Außenstehende zu erkennen.

Hatice erinnerte sich an die erste Fahrt, die sie mit diesem Zug gemacht hatte. Sie waren damals in Menekşe eingestiegen. Zu jener Zeit hatte sie zusammen mit ihrem Großvater in einer Wohnung mit Garten ganz in der Nähe des Highlife-Strandes gelebt. Sie erinnerte sich an die Gerüche ihrer Kindheit ... an den Geruch von Moos und Sand, an den Honigduft des Geißblatts und an den Duft des blonden Jungen, der schwarzgrauen Katze. Auch dachte sie an ihre ein wenig nach Schweiß riechenden, am Rand eingerissenen Plastiklatschen und an den Geruch der Kieselsteine ... Nachdem ihr Großvater gestorben war und sie Sacit geheiratet hatte, waren sie nach Halkalı gezogen. Seitdem pendelten sie dann immer nur zwischen Sirkeci und Halkalı und zwischen Halkalı und Sirkeci. Ihr ganzes Leben lang hat sie die dazwischen liegenden Stationen immer nur aus dem Zugfenster gesehen.

Nach Kocamustafapaşa stiegen nicht mehr so viele Leute ein. Die Zahl derer, die ausstiegen, nahm dagegen zu. Hatice versuchte sich vorzustellen, was das für eine Musik ergäbe, wenn jeder einzelne Mensch im Zug für eine Note stünde. Zunächst herrschte ein großes Durcheinander, dann hörte man einen lärmenden Anfang, darauf die Töne, die ihre Plätze tauschten und schließlich würde der Klang langsam verebben. Eine Melodie, die ständig leiser würde und langsam verhallte.

Was wäre Hatice wohl für eine Note? Oder Sacit? Als sie die fünfte Klasse der Grundschule besuchte, hatte der Großvater Hatice eine Flöte gekauft. Trotz seiner großen Hände fiel es dem Großvater ganz leicht, die Löcher der Flöte zuzuhalten. Wenn er mit aufgeblasenen Wangen Luft in die Flöte blies, erklang ein Ton nach dem anderen – und alles sehr harmonisch. Hatice dagegen schaffte es mit ihren kleinen Fingern nicht ganz die Löcher der Flöte zu verschließen und konnte deshalb so manchen falschen Ton nicht vermeiden. Der alte Mann zeigte ihr wieder und wieder behutsam, wie sie spielen sollte. Als Hatice die Flöte schließlich gar nicht mehr aus der Hand legte, begann das Instrument ihre kleinen Finger zu akzeptieren: Do, Re, Mi. Kurz vor dem Tod ihres Großvaters gelang es Hatice schließlich der Flöte doch noch die richtigen Töne zu entlocken. Einzig am Mi ... Am Mi blieb sie immer hängen. Hatice dachte noch einmal über die Töne der Flöte, über sich selbst und über Sacit nach. Ihm ordnete sie das Do zu. Alle Finger fest verschlossen, stark, kräftig, lärmend. So wie er eben war ... Sich selbst verglich Hatice mit dem Mi. Ein Ton, der irgendwie nie glatt herauskam, immer brüchig, beunruhigt und ohne Vertrauen war.

In Bakırköy verließen die meisten Noten den Zug. Auch das Paar, das ihnen gegenüber saß, stieg aus. Jetzt konnte man die Menschen, die noch im Wagen waren, an einer Hand abzählen. Niemand musste stehen und viele Sitze waren frei.

Als der Zug weiter nach Yesilyurt fuhr, zuckte Sacit seltsam. Es war ein Zucken, das nicht zu den rhythmischen Bewegungen des Zuges passte, ein Zucken wie eine falsch gespielte Note. Aus seinem Rachen erklang ein seltsames Röcheln und im gleichen Augenblick klammerte er sich an Hatices Bein. Hatices Herz schlug wie wild. Schnell schaute sie sich um. Doch es waren kaum noch Reisende im Zug, die sie hätten beobachten können. Zwischen den Leuten am anderen Ende des Wagens und ihnen gab es nur ein paar Sitze, die jedoch in Bakırköy frei geworden waren. Die verbliebenen Passagiere saßen ganz hinten und waren mit sich selbst beschäftigt. Niemand kümmerte sich um Hatice und Sacit. Sacits Finger klammerten sich mit aller Kraft um Hatices Knie. Sein Gesicht war dunkelviolett angelaufen. Hatice war wie zu Stein erstarrt. Sie war unfähig sich zu bewegen, nicht in der Lage, etwas zu sagen. Ohne mit der Wimper zu zucken saß sie einfach nur da. Der Zug hielt in Florya. Wieder stiegen Leute aus und wieder stieg niemand zu. Sacit saß jetzt bewegungslos auf seinem Platz. Wieder fuhr der Zug an, um die Station zu verlassen. Sacits Kopf fiel nach hinten. Er röchelte nun nicht mehr und er roch auch nicht mehr schlecht. Seine Finger, mit denen er Hatices Knie umfasste, erschlafften. Diese Kraftlosigkeit verbreitete sich allmählich auch in Hatices Seele. Mit einem Mal wurde Hatice zu einem makellosen Mi. Danach empfand sie sich nicht mehr nur als Mi, sondern gleichzeitig auch als Si. Ja sogar als Fa und als Sol ... Alle Noten sprangen in ihrem Innern durcheinander und trafen in Hatices Empfinden ungezügelt und dissonant aufeinander. Nun spielte in ihrem Kopf nur noch ihre eigene Musik: Eine rabenschwarze Symphonie, in der kein Do vorkam.

An der Station Menekşe erhob sich Hatice. Dabei fiel Sacits Hand zur Seite. Niemand hatte bemerkt, dass Sacit auf dieser Welt nie mehr Atem holen und nie mehr ausatmen würde. Auch dass Hatice in Menekşe ausstieg, fiel keinem auf. Während sie in Richtung Ausgang ging, versammelten sich alle Noten in Hatices Kehle und bildeten einen Knoten. Ganz instinktiv führte sie ihre Hand an ihren Hals. Sie öffnete den Knoten. Das Tuch auf ihrem Kopf glitt ihr langsam über die Schultern und fiel zu Boden. Sie ließ es hinter sich, ging mit ruhigen Schritten davon und entschwand den Blicken in den Straßen von Menekşe.

Die Reisköchin

Ich habe mein ganzes Leben Hühner zerteilt. Wenn ich Tausende sage, dann können Sie von Hunderttausenden ausgehen – so viele waren es. Früher mussten auch noch ihre Federn gerupft werden und diese Arbeit wurde natürlich auch mir aufgehalst. Zuerst rupft man sie, dann werden sie in den Rauch gehängt und schließlich stundenlang gekocht. Später waren die Hühner dann verschwunden: Ich weiß nicht, wo sie abgeblieben sind. Früher stand sogar hinter unserem Haus der Stall des Nachbarn. Also, das war in meiner Kindheit. Heute sind sie alle verschwunden. Inzwischen werden sie in der Fabrik gezüchtet. Das ist wirklich gut, denn damit ist wenigstens die Plackerei beim Rupfen und Räuchern weggefallen. Und wenn man die heutigen Hühner auf den Grill legt, dann sind sie schon nach zehn Minuten fertig.

Ich will es gleich erklären, mein Herr, ich komme sofort auf dieses Thema. Ob meine Worte Ihnen etwas vermitteln oder ob Sie nichts verstehen, das weiß ich nicht, ich werde Ihnen jedenfalls alles erzählen, was ich weiß.

Mein Mann hat mit einer Fabrik vereinbart, dass die Hühner von dort schon gerupft geliefert werden. Ich koche sie dann in riesigen Kesseln gut durch. In einen Kessel passen zehn bis zwölf Hühner hinein – so groß sind sie. Ich koche sie, ziehe ihnen die Haut ab und dann beginne ich sie zu zerlegen. Das sieht einfach aus und wenn es um ein oder zwei Hühner geht, dann ist das auch einfach. Aber es ist keine leichte Arbeit, wenn man Hunderte, Tausende und tagelang zerlegt, denn dann hat man hinterher Hände, als hätte man tausend Kilo Wäsche gewaschen. Die Hände werden rissig und die Haut ist zerfetzt. Schauen Sie sich nur meine Hände an ...

Richtig, mein Herr, meine Hände interessieren Sie nicht, da haben Sie Recht. Verzeihen Sie. Nun, tun wir mal so, als hätten wir nicht von meinen Händen gesprochen – doch was ist mit diesem Geruch? Haben Sie je in einem Haus gewohnt, in dem Tag aus Tag ein Hühner gekocht werden?

Aber gewiss doch. Die Fragen stellen Sie. Ich wollte Sie nicht verhören. Das steht mir nicht zu! Ich wollte ja nur den Geruch erwähnen. Es ist dieser Geruch, der sich in allem festsetzt: In den Sesseln, den Webteppichen, den Gardinen, den Tellern und Schüsseln, dem Waschbecken, den Schuhen und Pantoffeln – überlegen Sie nur, mit wie vielen Gegenständen so ein Haus ausgestattet ist. Und in allen hat sich dieser Geruch festgesetzt! Überall hat er sich eingenistet, der verfluchte
Gestank. Er dringt selbst in den Sinn und den Verstand des Menschen ein und Sie treffen am Ende dort auf ihn, wo Sie nicht mit ihm gerechnet hätten. So beginnt zum Beispiel der Mann, der im Bus neben Ihnen sitzt, plötzlich nach Huhn zu riechen. Ebenso geht es mit den Straßenlaternen, dem Brot vom Bäcker und manchmal sogar mit den Puppen der Kinder ...

Man sagt ja, jedes Lebewesen hat seinen ihm eigenen Geruch. Blumen riechen anders als Tiere. Und auch die Frauen ... jede erträgt einen anderen, eigenen

Blumenduft. Ich wollte diese Düfte sehr gern wahrnehmen. Ich wollte zum Beispiel den Duft eines Mannes riechen. Auch wenn es der meines eigenen Mannes gewesen wäre!

Als ich sagte, dass er sich auch in Geist und Verstand festsetzt, wollte ich nur dies beschreiben, mein Herr, eine andere Absicht hatte ich nicht. Also, dass man, wo man auch hinschaut, woran man auch riecht, immer nur Hühner sieht. Dass man sich sogar im Traum mit diesen verfluchten zweibeinigen Viechern beschäftigt. Du lieber Himmel ... ja, man verdient sein täglich Brot damit, natürlich – da soll man nicht meckern. Ich bitte Sie, was ich zuletzt gesagt habe, also die Bezeichnung »verfluchtes Viech«, aus dem Protokoll zu streichen. Aber »zweibeinig« kann stehen bleiben.

Für einige Zeit zupfte ich sie nicht mehr auseinander, sondern zerschnitt sie mit dem Messer. Da ging mein Mann mit diesem Messer auf mich los. Er sagte: »So geht das nicht! Jede Arbeit folgt ihrer eigenen Regel. Willst du mich in den Ruin treiben?« Zwar war es leichter, die Hühner zu zerschneiden, doch da mein Mann das nicht erlaubte, begann ich wieder, sie mit der Hand zu zerteilen. Faser für Faser ... in ganz kleine und feine Stücke ... Ich zerfaserte sie wie feine Spitze. Deshalb kann ich auch Spitzen nicht leiden. Und Huhn kommt mir ohnehin nicht auf den Teller.

Doch was gibt es außer Huhn? Nun, mein Herr, da gibt es noch die Kichererbsen. Ich koche jeden Tag in einem weiteren Topf kiloweise Kichererbsen. Die Erbsen machen natürlich nicht so viel Mühe wie die Hühner. Man muss nur genau wissen, wann man sie vom Feuer zu nehmen hat. Nimmt man sie zu früh herunter, werden sie hart. Lässt man sie zu lange auf dem Herd, trennt sich das dünne Häutchen ab, das sie umschließt. Das Häutchen soll dem Kunden nicht in den Mund kommen, denn es ist zäh und schmeckt nicht. Wenn mein Mann so etwas mitbekommt, dreht er durch. Wegen dieser dünnen Schalen hat er schon ein paar Mal alles kurz und klein geschlagen. Und wie oft hatte ich schon ein blaues Auge, doch das ist natürlich eine andere Geschichte.

Der Reis ... Nun, mein Herr auf den komme ich gleich, davon wird auch noch die Rede sein. Beim Reis geht es um die Feinarbeit. Die Hühner zuzubereiten ist eine grobe Tätigkeit. Eigentlich ist der Reis viel wichtiger. Ihn richtig locker hinzubekommen, ist gar nicht so leicht wie es aussieht. Wie die Alten sagen: »Eine gute Hausfrau könnt ihr an ihrem Reis erkennen!« Und an diesem Spruch ist etwas dran. Welches Maß an Reis und welches an Wasser man aufsetzt, ob man den Reis zuerst wäscht, ob man zu dem mit Wasser bedeckten Reis Salz hinzugibt, ob man ihn wäscht und seine Stärke gut abspült, die Art, wie man Fett und Salz zusetzt, wann man die Hitze herunterdreht – alles das ist sehr wichtig. Ein guter Reis muss Korn für Korn locker rieseln. Jeder kocht Reis, aber nur bei wenigen Leuten schmeckt er gut. Einerseits ist Reis ein Gericht, das überall gekocht wird, doch andererseits ist der Reis ein Lebensmittel, dessen Zubereitung sehr schwierig ist. Man muss die Mengen sehr genau einhalten. Das ist schon der ganze Kniff. Während viele Frauen Reis in winzigen Töpfen kochen und dabei keine gute Konsistenz erreichen, koche ich an jedem Tag, den uns Gott schenkt, Reis in riesigen Kesseln und bisher ist es noch nie vorgekommen, dass ich ihn nicht locker hinbekommen habe. Tag für Tag schaffe ich es, dass er nicht am Boden anbrennt. Für einen besseren Geschmack geben manche sogar Boullion in den Reis. Das mache ich nie. Selbst wenn ich es wollte, ginge das nicht, denn ich darf keine zusätzlichen Kosten verursachen. Wir kommen nämlich gerade so über die Runden.

Den Reis bekommen wir abgefüllt in Säcken. Natürlich besorgt ihn mein Mann. Wo er ihn holt, weiß ich nicht.

Nein, auf den Reissäcken steht keine Firma, ist kein Markenzeichen aufgedruckt. Er kommt in weißen Säcken. Wir lagern ihn unter dem Diwan und unter der Polsterbank. Wenn man im Haus irgendetwas hochhebt, dann kommt darunter immer ein Sack Reis zum Vorschein. Es könnte ja eine Preiserhöhung geben – daher kaufen wir so viel wie möglich im Voraus und lagern die Säcke ein. Doch zu viel Reis zu lagern ist tatsächlich auch gefährlich, denn in der Hitze entstehen darin Käfer. Aber wenn er mit Käfern verunreinigt ist, können wir ihn nicht einfach wegwerfen. Wenn man diesen Reis kocht, erscheinen die Käfer als schwarze Punkte. Ich habe das einmal gemacht. Dabei hatte ich gar keine schlechten Absichten, ich hatte die Käfer nur nicht bemerkt. Als Mustafa, mein Mann das sah, hat er mir einen Topf über den Kopf gestülpt, mein Herr. Gott sei Dank, dass es nicht einer von den ganz großen Kesseln war, sondern nur von dem mittleren Töpfen. Ich flehte und bat ihn um Verzeihung, während die Kinder um mich herumstanden und schrien. Ich war ganz durcheinander, ein Schleier hatte sich vor meinen Augen herabgesenkt. Ich rief, ich könne nichts sehen, aber er hörte nicht auf mich. Er stülpte mir den Topf über den Kopf und die einzelnen Reiskörner rieselten mir die Wangen herunter – zusammen mit den Käfern. Eigentlich ist Mustafa kein schlechter Mann, doch er ist ein wenig grob.

Mein Herr, ich habe zwei Söhne und drei Töchter. Der Älteste ist 32 Jahre alt, der jüngste dreizehn. Und keines der Kinder ist bisher ausgezogen, wir wohnen alle zusammen im selben Haus. Der älteste Sohn arbeitet manchmal, dann wieder nicht. Er ist ein Nichtsnutz. Er lässt sich zwar nicht unterkriegen, aber eine Berufsausbildung hat er nicht. Er arbeitet auch nicht bei seinem Vater. Wie er sagt, hat er auch seinen Stolz und so eine Arbeit will er nicht machen. Er ist eben undankbar!

Seinen Militärdienst hat er abgeleistet, mein Herr. Für Staat und Volk ist er ein nützlicher Kerl, nur für uns nicht.

Natürlich will ich darüber sprechen, wie diese ganze Sache angefangen hat. Wenn ich es Ihnen nicht erzähle, wem soll ich es dann erzählen, Herr Richter! Ich würde sogar sagen, dass mir das erste Mal in meinem Leben von jemandem die Frage gestellt wird, wie ich in die Sache hineingeraten bin. Und da sollte ich nicht antworten? Selbstverständlich gebe ich sehr gern Antwort.

Ich war noch sehr jung, kaum 15 Jahre alt. Mustafa war mein Cousin und wir waren elf Geschwister. Um zu Hause einen Esser weniger zu haben, wurden die Mädchen mit 15 verheiratet. Ich war nett anzusehen und gut entwickelt. Entschuldigen Sie, wenn Sie mich jetzt ansehen, lassen Sie sich nicht täuschen – als ich jung war, war ich ziemlich hübsch. Mustafa hatte auch ein Auge auf mich geworfen und er war damals nicht einmal 18. Als seine Familie um meine Hand anhielt, gaben sie mich ihm sehr gern zur Frau. Sie steckten uns in eine elende Hütte, deren Dach undicht war und an deren Wänden der Verputz abbröckelte – so standen wir also da. Ich habe mich natürlich zunächst gefreut. Habe gehofft, dass ich alleine mit meinem Mann in unserem Heim wohnen würde, ohne die Aufsicht der Schwiegereltern. Tatsächlich aber haben diese sich uns vom Hals geschafft und wir beide saßen ohne einen Pfennig, ohne jede Ausstattung in unserem Heim. Mustafa hatte keine Arbeit und keinen Beruf. Was mich angeht: Ich war ein Dummerchen, das von der Grundschule abgegangen war. Da kochte ich eines Tages Reis und auch das nur gezwungenermaßen. Wir hatten nichts im Haus, hatten nichts anderes zu essen als Reis. Als Aussteuer hatten sie mir zehn Kilo Reis mitgegeben. Wahrscheinlich hatten sie den irgendwo billig abgestaubt, was weiß ich denn. Und ich habe diesen Reis in blankem Wasser gekocht. Mustafa fand ihn gut. Er sprang auf und rief: »Daraus machen wir ein Geschäft.« Bevor ich noch näheres fragen konnte, war er auch schon aus dem Haus gerannt. Abends kam er mit einem Handwagen zurück, den wir dann sorgfältig geputzt und gereinigt haben. In unserem größten Topf kochte ich dann zunächst zweimal Reis. Am Abend bei Einbruch der Dunkelheit machte sich Mustafa auf den Weg. Müde und abgespannt kehrte er gegen Morgen nach Hause zurück. Bevor er sich hinlegte und schlief, sagte er, ich solle drei Töpfe Reis kochen. Während er den ganzen Tag schlief, kümmerte ich mich um den Reis. So ging das dann viele Jahre lang weiter. Mustafa wurde gegen Abend wach und wenn er aus dem Haus ging, schlief ich ein. Nachdem wir ein wenig Geld verdient hatten, haben wir Kichererbsen auf den Reis gegeben. Als wir mehr verkaufen konnten und es uns besser ging, wurde bei Tagesanbruch Tufan geboren. Nachdem ich mich davon erholt hatte kam nach Tufan gleich Necla. Zwischen Necla und Meral lagen dann fünf Jahre. In dieser Zeit ging es uns einigermaßen gut und wir gaben auch noch Hühnerfleisch auf den Reis. Ich begann die Hühner zu zerteilen. Das machte ich den ganzen Tag. Und später ging das dann auch immer so weiter. Als unsere Tochter Mehveş dreizehn Jahre alt wurde, gingen die Geschäfte schlecht und danach konnten wir uns nicht mehr so richtig aufrappeln.

Nein, Herr Richter, ich kenne niemanden, der Seyfettin Durmaz heißt. Das Bild dieses Mannes habe ich zum ersten Mal in meinem Leben in der Zeitung gesehen. Er war tot zu Hause aufgefunden worden. Bestimmt war er noch keine 35 Jahre alt. Ein gutaussehender Mann – der Arme hatte wohl auch Frau und Kinder. Was soll ich sagen, er tat mir leid.

Diesen Mann kenne ich auch nicht. Wie ich höre, heißt er Kadir. Kadir Keseroğlu, nicht wahr? Er sieht aus, als sei er wohlhabend. Nein, ich sage das nicht, weil ich ihn kenne, sondern weil er in der Verhandlung diesen Eindruck gemacht hat. Reiche Leute schauen ihr Gegenüber direkt an, sie lassen nicht wie unsereiner die Schultern hängen. Sie sind stolz – aus welchem Grund auch immer. In ihren Augen blitzt immer wieder ein Funke auf, der die Aufmerksamkeit des Beobachters auf sich zieht. Wenn ein Mensch volle Taschen hat, dann zeigt er ein besonderes Verhalten. Wo stammt der Mann denn her, und was für einen Beruf hat er?

Aber Herr Richter, woher soll ich ihn denn kennen? Auch Serdar Koz habe ich nie zuvor gesehen. Auch seinen Namen habe ich vorher nicht gehört. Und wie ist er gestorben?

Nein, von denen kenne ich keinen einzigen. Mein ganzes Leben bin ich keinem von ihnen je begegnet. Wo hätte ich sie denn auch treffen sollen? Ich bin doch den ganzen Tag damit beschäftigt zu Hause Hühner zu zerteilen und Reis zu kochen. Wenn ich das Haus verlassen, gehe ich entweder zum Krämer oder zum Markt. Ob ich ihnen dort irgendwo einmal begegnet bin, weiß ich nicht. Aber ich kenne sie nicht, das heißt ich bin keinem von ihnen von Angesicht zu Angesicht gegenübergestanden.

Ich weiß nicht, vielleicht ist ja eine Seuche ausgebrochen, die die Ärzte noch nicht erkannt haben. Möglicherweise hatte ja auch jeder Einzelne von ihnen einen Kummer oder ein Leid, für das es kein Heilmittel gab. Wie soll denn ich als einfache Frau diese großen, kräftigen Männer umbringen? Wie soll denn das gehen?

Ich habe doch nichts getan, Herr Richter! Bei Gott, ich habe nichts getan. Lediglich ...

Nein, nein es ist nichts!

Das ist mir nur so herausgerutscht. Ich habe nichts getan. Lassen Sie mich gehen. Zu Hause warten meine Kinder, mein Mann wartet auf mich und auch die Hühner.

Ich habe mein ganzes Leben lang gearbeitet und fünf Kinder großgezogen. Niemandem habe ich Schaden zugefügt, habe niemanden schief angesehen. Gott ist mein Zeuge, dass ich nicht einmal einer Ameise etwas angetan habe – einzig Hühner habe ich gerupft. Herr Richter, ich bin unschuldig. Lassen Sie mich nach Hause gehen.

Na schön, ich habe eben ›Lediglich‹ gesagt ... Gut, mein Herr, dann will ich erklären, was das heißen soll: Es war im letzten Ramadan und Mustafa machte sich vor Tagesanbruch auf, um seinem Geschäft nachzugehen. Ich bereitete alles vor, den Reis, das Hühnerfleisch, die Kichererbsen und die geschlagene Buttermilch. Auch Paprika habe ich dazugelegt. Ich machte es genau wie immer – kein Gramm zu viel und keines zu wenig. Ich schwöre, dass ich alles wie immer gemacht habe. Mustafa lud die Sachen auf seinen Wagen und ging los. Als er nach Tagesanbruch zurückkam, war er wütend. Er hatte kaum die Hälfte des Essens verkauft. Viele Kunden hatten sich darüber beklagt. »Das war wohl nichts«, sagte er, »bereite das Essen ordentlich zu, koche wie früher.« Dann legte er sich hin. Ich machte mich nun sehr sorgfältig an die Arbeit. Wie immer zerteilte ich die Hühner, wie zuvor kochte ich die Kichererbsen und den Reis. Alles in der bewährten Weise. Als es Abend wurde, nahm Mustafa den Wagen und machte sich auf den Weg. Als er zurückkehrte zeigte er eine düstere Miene und sagte: »So geht das nicht, du machst irgendwas anders. So wird das nichts. Entweder sind einzelne Zutaten zu viel oder zu wenig am Essen.« Ich habe Stein und Bein geschworen, dass es nicht so ist. Ich forderte ihn auf, sich nicht schlafen zu legen, sondern mir zuzuschauen, damit er sehen konnte, wie ich kochte. So schlief er nicht, blieb an meiner Seite und beobachtete, wie ich die Speisen kochte. Wir probierten sie gemeinsam, fanden keinen Unterschied und verstanden nicht, was hier vorging. Die Kinder probierten natürlich nicht, denn sie hatten genug von dem Reis mit Huhn, dem Essen, das es seit vielen Jahren in diesem Haus gab. Sie rührten keinen

Bissen mehr davon an. Ich sagte meinem Mann, dass es vielleicht am Ramadan liegen könnte. Jeder fastete doch. Sicherlich traf das Essen nicht den Geschmack der Leute. Morgens noch vor Sonnenaufgang aufzustehen und Reis mit Huhn zu essen, kam ihnen vielleicht komisch vor, deshalb rümpften sie die Nase. Diese Erklärung erschien auch Mustafa plausibel. Doch als der Ramadan zu Ende war, änderte sich nichts. Der Reis schmeckte einfach nicht mehr wie vorher. Wer ihn früher gegessen hatte, zum Beispiel auf dem Weg zu einem Fußballspiel, vor einer Kneipe, unter der Galatabrücke oder auf den Straßen Beyoğlus, mochte ihn heute nicht mehr. Es kam sogar vor, dass manche ihren Teller zurückgaben und das Geld zurückverlangten. Da gab es zu Hause natürlich heftigen Streit, Herr Richter. Ich kann Ihnen gar nicht sagen, wie er mich fertig gemacht hat. Beim Schimpfen ließ er nichts aus. Zuerst beschuldigte er mich, ihm Schaden zu wollen. Ich würde ihm absichtlich das Geschäft verderben. Ich verteidigte mich, fragte, warum ich denn meinen Kindern und mir selbst Schaden zufügen sollte. Doch er hörte nicht auf, sondern beschuldigte mich weiter ohne schlüssige Beweise zu nennen. Ich versicherte ihm, dass ich den Reis so gekocht habe, wie schon seit hundert Jahren. So ging es immer weiter. Am Ende sagte er dann etwas, was mich sehr verletzte, Herr Richter. Er sagte, ich sei alt geworden und hätte jedes Maß verloren. Wenn Frauen alt würden, kochten sie nur noch komische Sachen. Ob er diese Aussage vor einem Fußballspiel, an einer Kneipentür oder im Kaffeehaus gehört hatte, weiß ich nicht. Auf diese Worte hin ging es mir sehr schlecht, Herr Richter: Als sei das Haus, das ich mir ein Leben lang Stein für Stein mit eigenen

Händen aufgebaut hatte, um angenehm darin zu leben, über mir zusammengestürzt. So undankbar verhält sich das Leben dem Menschen gegenüber. So leichtfertig also wird eine Frau zum alten Eisen geworfen! Was für eine Grobheit! Dabei habe ich meine Tränen zurückgehalten, habe meinen Mund gehalten und kaum ein Wort gesagt, habe kaum einmal einen Bissen gegessen! An diesem Abend war ich fix und fertig, habe wieder Reis gekocht, Hühner zerteilt und Kichererbsen aufgesetzt. Bevor Mustafa sich an diesem Abend auf den Weg machte, habe ich in einem unbeobachteten Augenblick vor Zorn dreimal in den Reis gespuckt. Dadurch fühlte ich mich langsam ein wenig erleichtert. Und mit dem dreimaligen Spucken verflüchtigten sich auch die drei dunklen Flecken auf meiner Seele. In mir stieg langsam ein Gefühl der Rache auf, die süßer war als alle Speisen, die ich je gekocht hatte! Als Mustafa an jenem Abend nach Hause zurückkehrte, war sein Wagen ganz leer. Sein Gesicht strahlte. Daraufhin habe ich am nächsten Tag, bevor er sich zum Verkaufen aufmachte, wieder meinen Zauber angewendet und erneut dreimal in den Reis gespuckt. Ach! Was für ein wunderbares Gefühl! Wie schön dies mein Herz erleichterte! Weil das also das Geheimnis für den guten Geschmack war, habe ich den Reis ab sofort mit dreimal Spucken geadelt. Von da an liefen unsere Geschäfte immer besser. Es kam sogar vor, dass Mustafa in der Nacht mit dem leeren Wagen zurückkehrte und wir eine zweite Ladung verkauften. Herr Richter, zum ersten Mal in unserem Leben ging es uns so richtig gut. Und jetzt erzählen Sie uns, dass sich 123 Menschen, die Reis von diesem Wagen gegessen haben, vergiftet haben und gestorben sind. Wie kann denn das möglich sein? Wie kann denn eine kleine Frau wie ich, und ich bin doch nur eine halbe Portion, mit ein paar Tropfen Spucke aus ihrem Mund Männer, Kerle groß wie Bäume, umbringen? Und wenn ich Gift im Mund hätte, würde ich dann nicht zuerst abkratzen? Herr Richter, nun sagen Sie doch, bin ich denn Gott, der seinen Knechten das Leben nehmen kann?

Alis Frau

Das Meer habe ich noch nie gesehen. Um uns nur nackte Erde – faltig wie ein Greisenantlitz. Vor uns Dächer, wolkenverhangen, wie vom Himmel gesandt. Und dann Bäume – sie kehren einander den Rücken zu. Und Vögel, die auf den Zweigen der Bäume verschnaufen. Was wir noch nie gesehen haben – auch wenn wir wissen, dass es existiert – suchen wir in den Augen des anderen.

Ich habe mir oft vorgestellt, wie das Meer aussieht. Von Geburt an habe ich mir wieder und wieder ein Bild vom Meer gemacht. Ist es kühl, ist es tief? Ist es dunkel, fühlt man sich darin wohl? Bekommt es dem Menschen gut oder verschlingt es ihn? Findet es irgendwo ein Ende - und wie behält man den Überblick? Auf solche Fragen suchte ich immer nach Antworten. Man sagt, wenn die Sonne untergeht, färbe sich das Meer rot. Selbst wenn der Wind an Land kein Blatt bewege, seien die Wellen des wütenden Meeres höher als ein Mensch. Ob die Wellen wohl auch höher als ich waren, fragte ich mich. Und wenn ich darin badete, würde mich dies von meinen Sünden reinigen? Würde ich mich darin behaglich fühlen – so wie im Mutterleib? Drehte sich die Welt dann nur um mich?

Die Jahre vergingen und ich verzehrte mich vor Sehnsucht nach dem Meer – bis ich in Alis Augen blickte. Denn in seinen Augen schien es zwei Spiegel zu geben, die auf das Meer gerichtet waren. Sie waren zwar blau, doch ihre Farbe spielte etwas ins Grüne – als hätten sie auch die Farbe der Bäume um uns herum angenommen. Sie waren ganz ruhig, doch ein wenig unheimlich – als könnten aus ihnen jederzeit große Wellen hervorbrechen. Wenn ich Ali in die Augen sah, begann ich zu träumen. Und in den Träumen sah ich mich. Doch das sind nur nackte Worte – denn bei ihm fand ich die Liebe.

Wir umarmten uns, wurden Leidensgenossen. Meine Haut und seine Haut, mein Schweiß und sein Schweiß wurden eins. Wir verloren den Verstand. Die Stimme unserer Herzen führte uns zu uns selbst zurück.

Es dauerte nicht lange, da redete man von allen Seiten auf uns ein, sodass wir Hochzeit feierten. An unserem Hochzeitstag wurde der ganze Himmel zum Meer. Dichte Wolken deckten uns zu. Unsere Melodien drehten sich in engen Kreisen, bis sie am Ende verstummten. Die Welt war so reich und das Leben war so verrückt!

Daher habe ich alle Vorsicht außer Acht gelassen. In meiner Fantasie habe ich mir das Meer nicht mehr ausgemalt, sondern mich in meinem Traum vom Meer versenkt. Früher litt ich unter vielen Qualen, doch die Schmerzen sind abgeklungen. Mein Schlaf war tief und schwer, nun ist er leichter geworden. Mein Schatten zitterte, jetzt hat sich die Sonne mir zugewandt. Ich habe einen Ast gefunden, auf dem ich mich niederlassen kann. Nun hat mein Leben einen Sinn.

Während wir auf der von der Sonne erwärmten Erde lagen und uns liebten, war es an der Zeit, dass Ali zum Militär einrücken musste. In der Nacht, bevor er ging, habe ich ihm die süßesten Gebete ins Ohr geflüstert. Ich gab ihm den Hauch meines Atems, den Klang meiner Stimme und jedes einzelne meiner Haare. Ich badete im Glanz seiner Augen und sog seinen Duft in die Tiefe meines Herzens ein. So weine, mein Geliebter, weine ... Wir gehen auseinander mit Geheimnissen, die wir in unseren Herzen verbergen.

Wir haben uns einen Blick in unsere Herzen gestattet und uns die Worte der Liebe in unserer Vereinigung bewahrt. Damit sie uns nicht belasten, haben wir auf Treueschwüre verzichtet. Wie ein Vogel sollte er davonfliegen, die Engel würden ihn beschützen. Gesund und wohlbehalten würde mein Geliebter zurückkehren.

Am Tag, als Ali fortging, ging in meinem Garten eine Geranie auf. Eine winzige Pflanze mit samtenen Blättchen und kleinen, blutroten Blüten. Ich deutete dies als ein Zeichen und schaute ihm in die Augen. Ganz sacht, ganz leise sang ich ihm Lieder ins Ohr und mit strahlenden Augen begoss ich die Blüten. Wir beide, die Geranie und ich, warteten gemeinsam auf Alis Rückkehr.

In der ersten Zeit schrieb mir Ali Briefe – in gestochener Schrift auf ebenmäßigen Zeilen. Jedes Wort schmückte er aus, jeden Satz verzierte er: »Ich liege an der Spitze, ich bin der Geschickteste. Mein Messer ist schärfer als ein Schwert, meine Kugeln fliegen schneller als die der anderen. Selbst wenn ich über schlammigen Boden gehe, so hinterlässt mein Schritt doch keine Spuren. Und lassen sie auch Bomben herabregnen, so treffen sie mich nicht. In meinen Händen halte ich deine Hand, in meiner Brust schlägt dein Herz.« So schrieb er und meine Augen leuchteten vor Freude. Ohne Frage, er würde schnell zurückkehren. Wie im

Flug würden die Tage vergehen und uns wieder zusammenführen.

Um die Zeit, in der mein Geliebter abwesend war, heil zu überstehen, widmete ich mich ganz meiner Arbeit. Jeden Zentimeter Boden unseres kleinen Gartens grub ich um, mit jedem einzelnen Käfer sprach ich, damit er sich ordentlich benehme. Die Bäume habe ich beschnitten, den Weizen ausgesät. Ich gönnte mir keine Minute Ruhe. Ich ruhte nicht, um nicht vor Sehnsucht den Verstand zu verlieren.

Da erreichte mich ein Brief von Ali. Er schrieb, sie würden jetzt ausrücken. Sie marschierten an einen Ort ganz in der Nähe. Die Gegend läge nahe der Grenze. Und er schrieb, er liebe mich mehr als alle Grenzen. Doch obgleich seine Worte mein Herz beglückten, versetzten sie mir einen Stich in den Leib. So wie ich ihn im Leib meiner Mutter gespürt hatte, ein ewiger Schmerz, ein verhängnisvoller Hauch.

Allmählich kamen Alis Briefe seltener. Und es war, als ob ein Schatten auf sie gefallen wäre. Sie enthielten nun nicht mehr diese strahlenden Worte, nicht mehr diese Sätze, von denen einer den anderen ansportnte. Sie waren nur noch ein paar Neuigkeiten auf gelbem, verblichenem Papier. Ein Gruß ohne Hoffnung, ohne Kraft.

Voller Kummer saß ich in unserem Garten. Die Sorgen drückten schwer auf meine Schultern, und niemand konnte mich trösten. Ali stand im Dämmerschein, ich verharrte in der Dunkelheit. Ali war verwundet, ich war am Boden zerstört. Ali war verletzt, ich war dem Tode nah.

Ich legte alle Arbeit zur Seite; im kalten Winter saß ich am Fenster und wartete auf Ali. Für jede vergangene Stunde ritzte ich eine Kerbe in die Wand, für jeden Tag bohrte ich einen Pfeil hinein.

Als sich der Winter dem Ende zuneigte und das Frühjahr heraufzog, als draußen leichter Regen fiel, kam Ali schließlich nach Hause zurück – mit nur einem Bein. Er sagte, er habe gesehen, wie sein Bein davonflog mit dem Soldatenstiefel. Es habe nicht wehgetan, er habe nur den Brandgeruch wahrgenommen. Er sei ganz und gar erschöpft und ich solle ihn nicht drängen, darüber zu reden. Ich beharrte nicht darauf. Ich schwieg. Wir schwiegen beide.

Ich hatte in Ali gelebt, doch dies war nicht die Welt, die ich in ihm gesehen hatte. Sein Herz schlug anders, sein Magen folgte einem fremden Rhythmus. Er bewegte seine Arme nicht wie zuvor, sein Fuß bewegte sich gar nicht. So saß Ali vor mir – den Blick zu Boden gerichtet, regungslos.

Ich stellte ihm tausend Fragen und versuchte zu verstehen, was passiert war. Dazu gab ich mir viel Mühe und nutzte alle Worte, die mir zur Verfügung standen. Von ihm kam kein Ton. Er zog sich in den dunkelsten Winkel des Hauses zurück und kehrte mir den Rücken zu.

Ach, Ali! Was steckt hinter deiner Verstimmung? Hat man dich geschlagen? – dann sollen den Schlägern die Hände verdorren. Hat man dich beleidigt? – dann soll man den Lästerern die Zunge herausreißen. Hat man dich hungern und im Freien schlafen lassen? Warst du ohne Munition, ohne Schutz? Wohin ist die Taube geflogen, die in deiner Brust wohnte? Wohin floss das Meer aus deinen Augen? Sei es drum: Du hast deinen Fuß verloren – und ich will ihn dir ersetzen. Wurde dein Stolz verletzt, mach dir nichts daraus. Hier hat der Teufel seine Hand im Spiel, ich kenne dich doch. Hat man dich erschöpft auf einem Hügel zurückgelassen, dann lehne deinen Kopf an meine Brust, denn mein Licht reicht für uns beide.

Ali hörte mir gar nicht zu. Er hatte sich in seine Träume vergraben – in die Träume einer rabenschwarzen Nacht, in der nur Geister, aber keine Feen und Engel leben. In dieser Finsternis stieß er Schreie aus, die mir das Herz zerrissen. Er war schweißgebadet, als läge er im Winterregen. Im Schlaf sprach er von seinen Gewehrkugeln, von jeder einzelnen. Er zählte jeden einzelnen Schuss. Jetzt begriff ich, dass er, in welche Welt er auch eingetaucht war, nicht so leicht zurückkommen würde.

Von diesem Augenblick an breitete sich rechts und links von mir eine riesige Leere aus. Für eine Weile wachten wir gemeinsam – Ali in seinem Winkel, ich in meiner Ausweglosigkeit. Dann kam der Augenblick, mit dem das Unabänderliche zu einer Fügung des Schicksals wurde. Die Geranie, die so lange Zeit durchgehalten und so starken Winden widerstanden hatte, ließ ermattet den Kopf hängen.

Wie sehr sehnte ich mich nach den Tagen, als wir munter miteinander plauderten. Ich erinnerte mich daran, dass wir aus dem Mund des anderen tranken, dass wir die Augen zupressten und in endlose Ferne blickten und dass die Berge widerhallten von unserem Lachen ... Wie sehr habe ich mich nach dir gesehnt, Ali.

Ich schaute Ali tief in die Augen und hoffte, dass er unter diesem Blick Worte sagen würde, die ihm sonst nicht über die Lippen kamen. Würde er schon nicht von dem Leid reden, das ihn in diesen Zustand versetzt hatte, so würde er doch vielleicht von seiner Liebe sprechen. Ein kleiner Funke, ein schwacher Lichtschein — das würde mir schon reichen. Auf diese Weise hielt ich mich an ihm fest; das ließ mich dieses Leben ertragen.

Als ich mit höchster Konzentration in dieses Paar blauer Augen blickte, das mich früher aus der Fassung gebracht hatte, das mir einst vor Glück den Boden unter den Füßen weggezogen hatte und deren Blick mich geläutert hatte, sah ich dort nichts ... Ich schaute in nichts als in eine riesige Leere. Anstelle der wunderbaren tiefen, blauen Augen, sah ich dort lediglich zwei schwarze Schatten – abweisend wie eine Mauer.

Schließlich machte ich mich auf und ging in den Wald. Mit aller Kraft zog ich die Äste der mächtigsten Eiche herunter. Dann schlug ich unter Stoßgebeten kraftvoll mit der Axt zu. Schon bald hatte ich einen richtigen Fuß geschaffen – einen Fuß, der sich bald schon beleben würde. Damit Ali den Fuß ohne Probleme am Stumpf seines Beins anbringen konnte, dachte ich mir einige ringförmige Haltebügel aus. Dann schlug ich den Fuß ordentlich in Spitzentücher aus meiner Aussteuer ein und trug ihn nach Hause. Ich legte ihn vor Ali hin.

Da ging aber ein Gewitter los, da zuckten die Blitze! Ali gebärdete sich schlimmer als die furchtbarsten Stürme, er schäumte vor Wut. Dann packte er den Fuß aus Holz und schleuderte ihn mit einem Mal aus dem Fenster ... Wie zuvor Alis Stiefel davongeflogen war, so flog auch der Holzfuß im hohen Bogen davon und krachte auf den Boden. Hastig ergriff ich die Flucht und traute mich drei Tage lang nicht mehr aus dem Winkel hervor, in den ich mich geflüchtet hatte. So ging es einfach nicht weiter. Ich musste einen Ausweg finden.

Wieder machte ich mich auf in den Wald. Ich ließ das Haus weit hinter mir und tauchte in den tiefen, dunklen Wald ein. Ich schaute mich um, suchte meine Umgebung ab und spürte einem Geruch nach. Dann zog ich Pilze mit Zauberkräften aus dem feuchten Waldboden. Nach Hause zurückgekehrt, setzte ich einen Topf auf den Herd und kochte eine schöne Suppe, in die ich kleine Stücke dieser Pilze gab. Ich besprach die Suppe und behauchte sie. Dann verabreichte ich sie Ali. Schon nach kurzer Zeit brach er auf der Stelle zusammen. Zuerst lief er rot an, dann wurde er kreidebleich; er lachte und weinte. »Skorzki, Kelesch, Kanas ... Er murmelte Worte, die ich nicht kannte. Ich spitzte die Ohren, hörte genau hin, versuchte einen Anhaltspunkt zu finden, eine Bedeutung aufzuschnappen. Mit einem Mal sprang Ali auf und warf sich wieder zu Boden. »Der Feind kommt«, schrie er, »Der Feind ...« Mein großartiger Ali, ist denn das Land besetzt, dass wir hier einen Feind haben? Bist du denn im Krieg, weil du Deckung suchst? Ist das alles nur ein Spiel? Hat dich der Zauber des Pilzes so verwirrt? Oder bist du bei Verstand und nimmst mich nur auf den Arm?

Während der ganzen Nacht brach er einmal hier, einmal dort in sich zusammen. Er war völlig verwirrt und wankte im Zimmer umher, als wäre er nicht bei Sinnen. Was ich auch unternahm, ich konnte ihn nicht beruhigen, konnte seinen Schmerz nicht lindern. Als der Morgen heraufzog, waren wir beide ganz erschöpft. Wir waren so müde, als hätten wir einen steilen Berg bestiegen. Wir waren durchnässt, als hätten wir reißende Flüsse durchquert. Ich empfand tiefe Reue, die sich in meinem Herzen einnistete. Die restlichen Pilze warf ich weg, schleuderte sie weit weg von mir.

Mir blieb nur noch eine Möglichkeit: Zum dritten Mal nahm ich meine Axt und begab mich in den Wald. Dieses Mal drang ich gerade so weit in den Wald hinein, dass man meinen Schrei noch hören konnte. Am harten Holz eines Baumstammes wetzte ich die Axt gründlich. Ich sagte zu ihr: »Du hast viele Pappeln gefällt, hast so vielen Buchen den Garaus gemacht und du hast viele Eichen umgehauen ... Wirst du auch dieses Mal gute Arbeit leisten? Mit einem einzigen Schwung, mit nur einem scharfen Schlag ... In Gottes Namen!«

Tatsächlich spürte auch ich wie Ali keinen Schmerz. Wie er ließ ich meinen rechten Fuß zu Boden sinken. Hüpfend kehrte ich nach Hause zurück. Ich schenkte Ali, der noch an Ort und Stelle saß und mich anblickte, ein Lächeln, das aus tiefstem Herzen kam.

Als mich Ali so sah, erhob er sich. Er vergaß, dass er nur einen Fuß hatte und stürzte auf mich zu. Dabei strauchelte er und fiel vor mir hin. »Aber das geht doch nicht, mein lieber Ali! Steh auf, erhebe dich vom Boden! Wenn es mein Fuß ist, der uns wieder zusammenführt, dann will ich ihn dir opfern.«

Ali weinte viele Stunden in meinen Armen. Ich streichelte und herzte ihn, damit beruhigte ich ihn. Schließlich begann er langsam und stockend zu sprechen. Er erzählte mir in allen Einzelheiten, was vorgefallen war. Er berichtete von seinen Erlebnissen und ich hörte ihm zu. Je länger ich zuhörte, desto weniger konnte ich glauben, was er erzählte. Hatte sich die Wirklichkeit in einen Alptraum gewandelt oder war ein Alptraum zur Wirklichkeit geworden? Ich begriff nur, dass alles, was Ali erzählte, eigentlich unaussprechlich war. Niemand konnte das in Worte fassen. So etwas bringt einen Menschen um.

So schwieg ich also. Wir beide schwiegen. Ali zog sich in seinen stillen Winkel zurück und streckte sich aus. Ich schmiegte mich an ihn. In unserem Bewusstsein war das Glück lediglich eine weit zurückliegende Erinnerung. In unserer Ausweglosigkeit suchten wir beide Schutz – einer beim anderen.

Februar 2011, Galata

Die Träumerin

Seit einiger Zeit kann ich nicht ruhig schlafen. Wie vom Teufel geritten, wache ich um Mitternacht auf und kann kein Auge mehr zu tun. Dann schwankt das Bett, und ich kann es nicht mehr dort aushalten. Damit Mükerrem Bey nicht aufwacht, versuche ich, mich so wenig wie möglich zu bewegen und mich im Bett nicht umzudrehen. Wenn er aufwacht, bestimmt er, worüber wir reden. Tagsüber können wir nicht viel Gesprächsstoff finden.

»Was hast du heute genäht?«
»Nichts, ich habe den Kragen geflickt. Was hast du gemacht?«
»Gefüllte Weinblätter in Olivenöl.«
»Paprika?«
»Auch Auberginen.«
»Gut.«
Danach Schweigen.

Immerhin gibt es den Fernsehapparat, und so hört man im Haus wenigstens eine Stimme. Manchmal ist der Apparat aus, und wir schweigen. Dieses Schweigen nimmt so sehr zu, dass es mich in die Ecke drängt. Ich bleibe wie versteinert zwischen dem Sessel und der Wanduhr stehen. Ich kann nicht mehr atmen, so sehr schnürt es mir die Luft ab. Dann lasse ich etwas aus der Hand fallen, ein Teeglas oder meine Brille. Auf diese Weise versuche ich, seine Aufmerksamkeit zu erregen und Gesprächsstoff zu schaffen. Falls ich das Teeglas fallen lasse und falls es nicht zerbricht, setzt er eine Beschützermiene auf. Wenn es zerbricht, spielt er wiederum den Beschützer, sagt aber: »Pass auf, schneide dir nicht in die Hand!« Das heißt, er weiß irgendwie, dass ich aufstehen werde, von drinnen Besen und Schaufel hole und die Scherben aufkehre. Während ich saubermache, sagt er wieder, ich solle mir nicht in die Hand schneiden. Wenn ich die Brille fallen lasse, blickt er ganz verdrießlich drein. Ich glaube, in seinen Augen ist es zulässig, das Glas fallen zu lassen, aber die Brille fallen zu lassen stößt auf Widerwillen. Ich fürchte mich vor seinem Blick, nehme meine Brille und setze sie sogleich auf.

Ich werde mir einen Schaukelstuhl aus Holz kaufen und mich sofort darauf setzen. Ich werde ihn beim Trödler kaufen, und seine Sprungfedern sollen so verrostet sein, dass es knirscht. Mal seh'n, wie er das ertragen wird! Jeder hat seine Toleranzgrenze. Dieses Knirschen wird ihm bestimmt zu viel. »Das reicht!«, wird er sagen. »Du hast nun genug geschaukelt. Hör auf, ich habe das jetzt satt.«

Aber ich werde nicht davon lassen. Beharrlich und sogar mit noch mehr Schwung als zuvor werde ich knirschend weiter schaukeln. Er würde so nervös werden, dass er aufstünde, ja, dass er aufstünde und brüllen würde: »Wo du ihn gekauft hast, weiß ich nicht, schaff diese Plage aus unserem Leben! Ich will den nicht in unserem Haus haben!« Mit fester, ganz entschlossener Stimme, die aus der Tiefe kommt, werde ich sagen: »Nein, auf keinen Fall! Kommt nicht in Frage, Mükerrem Bey, mein Schaukelstuhl bedeutet mir viel! Außerdem solltest du ihn keine Plage nennen. Ich verbiete dir das!« Wenn er das hört, wird er ziemlich wütend werden und zum Beispiel sagen: »Soll ich dich vielleicht fragen, wen ich wie ansprechen soll? Wer bist du denn, dass du mir Vorschriften machst?« Daraufhin werde ich noch mehr Widerworte geben. Und nach und nach werden wir beide die Dosis steigern und uns so in einen ernsthaften Streit verwickeln. Das wird so heftig, dass die Nachbarn unser Geschrei hören werden. Da werden sie sehr verblüfft sein. »Ach, was ist denn mit denen los, von denen hat man doch sonst nie etwas gehört«, werden sie sagen. Sie werden miteinander diskutieren, ob sie die Polizei verständigen sollten. Und sie werden überlegen, ob sie hingehen und an der Tür klingeln sollten. Doch dann werden sie es lassen, denn man soll sich nicht in einen Ehestreit einmischen. So werden wir uns weiter heftig und leidenschaftlich streiten. Wir werden so tun, als würden wir uns die schlimmsten Beleidigungen an den Kopf werfen, aber das werden wir nicht machen. Der Streit wird an den Grenzen der Liebe zwischen uns verlaufen. Je mehr wir die Worte, die uns in den Mund kommen, abmildern und je weniger verletzende wir finden, und je mehr wir die Fäuste ballen, um zu verhindern, dass wir uns den Fäulnisgeruch in uns ins Gesicht schlagen, desto besser werden wir verstehen, wie sehr wir uns eigentlich auch lieben.

Und dennoch werden wir so zutiefst verärgert sein, dass wir einander in Erstaunen versetzen, ja sogar Bewunderung füreinander empfinden, indem wir den am wenigsten gebrauchten Ausdruck unseres Zorns zur Sprache bringen, und wir werden uns sogar staunen lassen. Auf diese Weise kommt es zu einer Annäherung an die Liebe ... Eine kokette Beziehung ... Wer weiß, vielleicht eine schreckliche sexuelle Vereinigung in einem unverhofften Moment? Alles ist möglich!

Die Schuld liegt bei mir. Ich hätte diesen Schaukelstuhl auf keinen Fall kaufen sollen. Dennoch war ich fest dazu entschlossen. Ich fuhr sogar zum Trödler in Horhor. Ich fand auch einen, der genau dem entsprach, wie ich es mir vorgestellt hatte. Ich setzte mich darauf und schaukelte ein paar Mal hin und her. Mein Gott, der knarrte so heftig, als ob der riesige Horhor aufgesprungen wäre. Die Fensterscheiben würden kurz darauf zerspringen. Ob es nun der Ladenbesitzer war oder ein Angestellter dort, jedenfalls blickte er mich an, indem er seine Kinderaugen voller Erstaunen ganz weit öffnete, als ob ich eine große Sünde begehen würde. Niemals werde ich das Entsetzen in diesen blauen Augen vergessen. Wie ich dort aufstand, meine Tasche an mich nahm und den Weg hinaus fand, weiß ich nicht. Rasch erreichte ich den Boza-Verkäufer in Vefa. Zwei Glas Boza trank ich nacheinander. Ich habe noch nicht einmal Kichererbsen und Zimt darauf gestreut, so durcheinander war ich.

Aus welchem Grund auch immer, ich kann es nicht lassen, dauernd an den Tod von Mükerrem Bey zu denken. Als ob er gestorben wäre und sein Leichnam zu Grabe getragen würde. Ich gräme mich darüber nicht aus Angst oder Sorge, sondern ich bin vielmehr neugierig. Was soll ich tun? Wie bekomme ich Bescheid? Weine ich zum Beispiel, wenn ich die Nachricht erhalte? Schreie ich mir die Seele aus dem Leib? Natürlich ist es unmöglich, dass ich so etwas tue. Das ist gegen meine Natur. Wahrscheinlich lasse ich die Tränen schweigend fließen. Außerdem kundschafte ich auch meine Umgebung aus. Wer ist alles gekommen?

Wer alles, und was für eine Reaktion zeigen sie? Allerdings ist es wahrscheinlicher, dass gar niemand kommt. Mükerrem Bey hat nicht sehr viele Freunde. Natürlich gibt es die Kunden, aber auch von ihnen kenne ich niemanden. Mükerrem Bey ist Schneider. Genauer gesagt, ist er nicht Schneider, sondern Änderungsschneider. Man nennt es Flickschneider. Er setzt Flicken ein, stopft Löcher, kürzt die Länge, verkleinert Kragen und ändert Reißverschlüsse ... derlei Arbeiten. Manchmal bringt er Arbeit mit nach Hause. Ein Jackett, dessen Schultern enger gemacht werden müssen; es gehört Necati Bey, und Nergis Hanıms Kragen, den man ausbessern muss. Der Mantel von Meister Artin, der geflickt werden muss. Ich kannte weder Necati Bey noch Nergis Hanım noch Meister Artin. Wenn sie zu der Beisetzung kämen, könnte ich wahrscheinlich nicht unterscheiden, was für Kleider es waren, die sie tragen und die zur Ausbesserung in unser Haus gekommen waren. Sicher bin ich auch nicht in der Lage, den Unterschied bis in die kleinste Einzelheit zu bemerken.

Es wird nicht viele Menschen bei der Beerdigung geben. Da kommen nicht Kind und Kegel. Es sind auch nicht allzu viele Verwandte übrig geblieben. Bestimmt kommen meine Nichte und ihr Mann. Da wäre auch noch der Sohn von Mükerrem Beys Onkel. Das ist ein guter Junge; er kommt ganz bestimmt. Mit großer Wahrscheinlichkeit kümmert der Junge sich sogar um die Angelegenheiten der Bestattung, dankenswerter Weise. Den Sarg aus dem Haus zu tragen, ist schwer. Das ist nichts, was ich als Frau allein machen könnte. Vor allem anderen muss man eine Anzeige in der Zeitung aufgeben. Ich schaue mir immer die Todesanzeigen in den Zeitungen an. Wegen der Toten, auch wenn ich sie nicht kenne, und ich trauere mit den Angehörigen der Toten. Wenn es Leute gibt, die die Todesanzeigen mit solcher Unbekümmertheit lesen und dennoch Trauer empfinden, dann darf man ihnen diese Möglichkeit nicht vorenthalten.

Man sollte so eine Anzeige aufsetzen und mit den Zeitungen sprechen, ob ich sie wohl vorher schreiben und aufsetzen sollte? Wenn aber Mükerrem Bey diese Anzeige noch vor der Veröffentlichung sehen würde, wäre das sehr schlimm. Wir werden warten, bis Mükerrem Beys Zeit gekommen ist.

Auch die Frage der Anzeige wird irgendwie gelöst, und es gibt eine Menge anderer Aufgaben. Es geht um die Waschung, den Friedhof und den Sarg ... Der Sarg ist schwer. Zum Tragen sind mindestens fünf bis sechs Leute erforderlich. Ach, es wird bestimmt genug Freunde und Verwandte geben. Sonst wäre es ein Skandal. Die Familie meiner großen Schwester hatte vor, nach Izmir umzuziehen. Nein, sie soll nicht umziehen, bevor Mükerrem Bey gestorben ist. Wenn sie nach Izmir zögen, würden sie sich nicht aufraffen und wegen der Beerdigung nach Istanbul kommen. Wenn sie hier wären, wären das mindestens drei Personen; das ist schon eine ganze Menge. Die Zeremonie sollte man nicht in einer abgelegenen Moschee abhalten, denn von den Mitgliedern der Gemeinde, die zum Gebet in die Moschee kämen, sollten doch einige auch zur Beisetzungsfeier bleiben. Wir wollen den guten Mann doch nicht begraben wie jemanden, der keine Angehörige hat. Die Moschee von Bebek ist gut. Sie liegt zum einen am Meer, an einer schönen Stelle, zum anderen gibt es vielleicht Handwerker und Gewerbetreibende, die daran teilnehmen, weil dort sein Arbeitsplatz war.

Dass in der Nähe ein Teegarten ist, ist auch gut. Wenn mich eine Schwäche überkommen sollte, kann ich mich dorthin setzen und ein Wasser oder etwas anderes trinken.

Am schwierigsten ist es, den Friedhof zu finden. Man sagt, in dieser Stadt gibt es keinen Friedhof mehr. Wegen der vielen Toten war in Istanbul kein Platz mehr. Unter der Erde betteten sie die Menschen übereinander. In Schichten sammelten sich die Toten unter der Stadt. Kinder, Jugendliche, Greise, Mütter, Väter, Opfer von Verkehrsunfällen, Leute, die von einer Kugel dahingerafft wurden und an Herzversagen dahingegangen sind, Tote, die die Folter nicht überlebt haben, sie liegen alle unter uns, übereinander. Das ist eine endlose Leichenprozession, die sich bis ins Zentrum der Erde erstreckt. An erster Stelle die Ältesten, von ihnen sind jetzt nur noch die Knochen übrig. Das ist die größte Gruppe. Danach kommen jene, denen immer noch die Haare wachsen. Dann die Neueren. Der Reihe nach kommen die Leute, denen die Nase abgefallen ist, denen die Muskeln geschwunden sind, die ihren Kiefer zusammengepresst haben und jene, die erst kürzlich ihr Leben ausgehaucht haben. So eine unendlich lange Reihe. Unter ihnen muss man für Mükerrem Bey einen Platz finden. Das ist keine einfache Aufgabe.

Und so sage ich ja, dass ich vielleicht vor ihm dahingehe. Ob er sich wohl um mich kümmert, wenn ich krank werde? Einmal hatte ich hohes Fieber. Wir hatten wenig Eis da, und mein Fieber stieg bis vierzig Grad. Damals hat Mükerrem Bey mir eine Suppe gekocht. Es war eine Tütensuppe, aber wie auch immer, er hatte sie also gekocht. Er hatte auch meine große Schwester angerufen. Sie war zwar nicht gekommen, aber Mükerrem Bey hatte sie angerufen und seine Pflicht getan. Aus Furcht, dass ich ihm zur Last falle und er das Gesicht abwendet, weil er es satt hat, sich um die Kranke zu kümmern, ist es mir ganz schnell besser gegangen. Gott soll mich nicht lange leiden lassen, sondern mir mit einem Schlag das Leben nehmen.

Wenn seine Krankheit lange dauert, kümmere ich mich natürlich um ihn. Damit habe ich auch Erfahrung. Vierzehn Jahre lang habe ich meine bettlägerige Mutter gepflegt. Ihr die Medikamente rechtzeitig geben, sie Wasser trinken lassen, sie füttern, ihr das Gesicht und die Augen abwischen, sie massieren, wenn ihr die Seiten schmerzten, sie von einer Seite auf die andere drehen, damit sie sich nicht wund liegt, ihr die Bettpfanne unterschieben und sie leeren, kein Wort über ihre Launenhaftigkeit verlieren, schweigen, schweigen, schweigen ... Das kann ich alles ausgezeichnet. Ich tue das, aber wenn meine Krankheit lange dauert, werde ich sehr ärgerlich, wenn er sich nicht um mich kümmert; das halte ich nicht aus. Schließlich haben wir eine gemeinsame Vergangenheit von zehn Jahren, wenn sie auch ziemlich lautlos verlief, und es gibt ein ungeschriebenes Gesetz zwischen uns. Angenommen, ich würde krank und er wäre mir gegenüber plötzlich wie ein Fremder, was sollte ich tun, wenn er mich nicht im Krankenhaus besuchte? Mir ist, als hörte ich das Flüstern der Krankenschwestern: »Hat diese gute Frau denn niemanden?« – »Sie hat wohl einen Ehemann, aber der taugt nichts.« – »Mutterseelenallein wird sie in einer Ecke des Krankenhauses sterben ...« – »Behüte uns Gott vor unserem Feind!« Was für eine große Katastrophe!

Warum ist Mükerrem Bey kein Schneider sondern Änderungsschneider geworden? Ist es nicht klüger, jemanden von Kopf bis Fuß einzukleiden, einer Person, die man überhaupt nicht kennt, mal in ihren Worten zu folgen, mal ihre Seele zu lesen und sie in eine bestimmte Form zu bringen? Wenn man Nadel und Faden zur Hand nimmt, wenn man es versteht, den Stoff zuzuschneiden, will man dann nicht etwas von Kopf bis Fuß für die äußere Erscheinung tun? Oder ist es etwa reizvoller, die Kleider, die andere Leute genäht haben, zu flicken, zu kürzen und zu verlängern? Das glaube ich überhaupt nicht. Wer weiß, vielleicht hat er auch versucht, ein Kleidungsstück vollständig zu nähen, dann ist ihm etwas eingefallen, ein schlimmes Ereignis woran er sich nicht erinnern wollte. Und um sich nicht daran zu erinnern, war das vielleicht ein schlechter Moment, der dazu führte, die Arbeit sein zu lassen. Deswegen hat er davon Abstand genommen. Und zum Beispiel hat er sich daran gemacht, es einmal zu versuchen; dem Kunden hat das jedoch gar nicht gefallen, er hat ihn getadelt und ihm ins Gesicht gesagt, dass er versagt hat. Oder aber – und auch das kommt oft vor – er war auf einen Meister gestoßen, der die Menschen niedermachte, der sie verletzte, der ihnen den Mut raubte und der ihn kräftig verprügelte, damit ihm keine Flausen zu Kopf steigen sollten. Was dazu führte, dass er nicht den Mut fand, ein vollständiges Kleidungsstück zu nähen.

Mükerrem Bey hat einen Laden in Bebek, der etwa einen Handteller groß ist und in den man von der Straße aus noch weiter nach unten steigt. Zweimal bin ich dorthin gegangen, einmal um ihm die Lesebrille zu bringen, die er zu Hause vergessen hatte! Und ein andermal ging ich dorthin, weil die Nachbarn angerufen hatten. Er war nämlich im Schnee ausgerutscht und gestürzt. Dabei hatte er sich den Hüftknochen gebrochen und war vor Schmerzen bewusstlos zusammengesunken.

Mükerrem Bey hat ein sehr weiches Herz. Als ringsum Getöse herrschte, waren die Nachbarn in Sorge und riefen mich an. Und beide Male saß ich eine Weile in der Ecke und schaute mir die Umgebung an, die Nadeln mit dem runden, farbigen Kopf, die Stoffe, die vielen verschiedenen Garne, die Scheren, die Zeitschriften, die in einer Ecke lagen, die Fotografien, die er wahrscheinlich von den Kunden angefertigt hatte und die an eine Tafel geheftet waren, die Wände, von denen hier und da die Farbe abblätterte, wiederum Nadeln, Garn, die Stoffe, die übereinander gestapelt waren, die Nähmaschine und schließlich Mükerrem Bey selbst, seine Hände, die Manschetten seines Hemds, die Knöpfe seiner Jacke und seine Krawatte. Dabei heftete sich mein Blick auf eine Nähnadel. Man sagt ja, wenn die Nähnadel in die Haut des Menschen eindringt, läuft sie den ganzen Körper entlang. Sagen wir mal, das könnte ja sein, Mükerrem Bey fiel zu Boden, stützte sich auf das Stuhlbein und trat auf eine aufrecht stehende winzige Nähnadel. Und da er in diesem Moment damit beschäftigt war, eine Arbeit fertig zu stellen, beachtete er die kleine Nadel nicht sonderlich. Als dann auch der Schmerz vorüberging, vergaß er sie. Die Nähnadel wanderte ganz langsam sein Bein entlang. Nachdem die Hektik vorbei war und er dem Kunden seine Arbeit übergeben hatte, kam es ihm in den Sinn; er war neugierig, was aus der Nadel geworden war und schaute nach dem Kopf, aber da war gar keine Spur. Sie ist wahrscheinlich verschwunden, dachte er, aber es war anders, als er vermutete. Immer wenn Mükerrem Bey sich bewegte, bahnte die Nadel sich einen Weg wie ein Segelschiff auf dem offenen Meer. Eines Tages spürte er ein leichtes Brennen in der Leistengegend, und als er überlegte, was das sei und ob er zum Arzt gehen sollte, ging das Brennen vorüber, und Mükerrem Bey setzte sein gewohntes Leben fort. In dieser Zeit jedoch war die Nadel auf dem Weg von der Leiste zu seinem Bauch. Eines Abends trank er vor dem Fernsehapparat zwei Glas Rakı, und die verdammte Nadel, die in ihn eingedrungen war, begann in seiner Brust umherzuwandern. Als ob ein Autoscooter auf dem Rummelplatz mit einem anderen kollidiert. Wer weiß, was für Fäden sie in deinem Körper gesponnen hat, was für Kleider, was für Hemden der Quälgeist von Nadel genäht hat, nachdem jene Rippe dich und diese Rippe mich amüsiert hat; weiter vorn sah sie in der linken Ecke ein rotes Samtkissen. Dieses Kissen, das sich ununterbrochen raschelnd bewegte, regte die Nadel an. Die tagelange Reise kam zum Ende, und nach dem schwierigen Abenteuer, das zwischen Knochen und Muskeln verlaufen war, hatte die kleine Nadel einen Ort gefunden, an dem sie sich schließlich in aller Ruhe erholen könnte. Sie zauderte nicht und fuhr sich im Nu darin fest!

Ob Mükerrem Beys Herz mich wohl liebt? Sollte ich, wenn auch nur ein wenig, einen Blick auf seinen Geist werfen, der immer in der Dämmerung einen Weg sucht? Glüht ein Funken in seiner Seele auf und verlöscht, wenn er mich sieht? Freilich nicht immer, aber manchmal? Wenn meine Seele aus irgendeinem Grund schmerzt, hat sich dann auch bei ihm ein undeutliches

Stechen bemerkbar gemacht? Sind ein paar von den Worten, die selten aus meinem Mund kommen, oder wenigstens eins, in sein Ohr gedrungen, durch seine Brust gewandert und haben sein Herz erreicht? Kann mein Gesicht in seinen Augen lebendig werden, wenn er allein und fern von mir ist? Ist ihm grundlos nach Weinen zu Mute gewesen, wenn ich ihm einen Moment lang eingefallen bin? Gibt es einen Augenblick des Dankes? Kommt es vor, dass ich in diesem Moment zu ihm gehöre? Ein Tropfen in seinem Schweiß, eine Farbe im Glanz seines Auges, ein Duft in seinem Atem, eine Spur – ist das wirklich etwas von mir?

Alles ist rätselhaft ... Das Leben ist rätselhaft.

Ich beschwere mich nicht. Unser Herdfeuer brennt. Wenn ich die Suppe umrühre, die Bettwäsche zusammenfalte, wenn ich einen winzigen Faden auf dem Teppich mit zwei Fingern auflese und in den Müll werfe, wenn ich die Kissen auslüfte und ein Herz in den Dunst der Fensterscheibe der Küche zeichne und es danach wieder mit dem Ärmel abwische, wenn ich mich auf dem Bett ausstrecke und auf den Ventilator blicke, der sich über mir dreht, kurzum, wenn ich lebe, habe ich einen Grund dafür.

Ob ich ein fröhlicheres Leben haben könnte, weiß ich nicht. Wenn ich nicht geheiratet hätte, wäre es offensichtlich, dass ich mit meinem Vater, der mehr als alles auf der Welt dem zerstörerischen Alkohol ergeben war, und mit meiner – verzeihen Sie! – liebestollen großen Schwester nicht glücklicher geworden wäre. Wenn ich jemand anderen als Mükerrem Bey geheiratet hätte ... einen lebhaften, liebenswürdigen Mann, voller verrückter Ideen, voller Überraschungen, einen begeisterungsfähigen Mann ... aber so einem bin ich leider nie begegnet. Vielleicht ein Kind ... wenn ich ein Kleines gehabt hätte ... Das würde die Aufmerksamkeit von uns ablenken und uns in Zukunft Sorge bringen. Wenn wir sein Aufwachsen verfolgen würden, wäre das ein Thema, das unserem Leben einen Sinn gäbe. Wenn es in unserem Leben ein Kind gäbe, müssten wir vielleicht noch mehr Worte machen. Diese Worte würden sich vereinigen und Sätze bilden. Im Echo der Sätze fänden wir uns und einander. Die Zeit würde nicht so schnell zwischen uns dahingehen.

Ich blicke auf die Bilder aus Stramin, die die Wände unseres Hauses schmücken. In eines habe ich ein kleines Mädchen gestickt. Ich habe ihm ein Kleid aus Sonnenfarbe verpasst. In der Hand trägt es eine Schultasche, und es hat einen gefütterten Umhang an. Im Gehen hält es die Hand seiner Mutter. Indem die Schöße seines schönen Kleides mit den grünen Blumen auf dem Boden schleifen, überlässt es im Gehen seine langen Haare dem Wind. Und in den Augen von beiden ist ein Leuchten, ein Zustand von Glück. Auf einem anderen Bild habe ich ein tiefblaues Meer gemalt. Jedes vorspringende Zeichen auf dem Gewebe ist eine Welle und ein anderer Blauton. In der Mitte gleitet ein Segelboot auf die Sonne zu. Vor dem Segelboot flattern zwei kleine Vögel. Ob sie wohl den Kurs bestimmen? Und es gibt noch andere. Zum Beispiel eine Pferdekutsche, hinter der sich Kinder drängen. Zwei Katzen, eine weiße und eine schwarze, die vor dem Regen fliehen und sich unter einem Vordach verstecken, versuchen sich zu wärmen, indem sie sich aneinander kuscheln. Ein riesengroßes Sonnenblumenfeld, und alle Blumen haben ihr Gesicht fröhlich der Sonne zugewandt. An allen Wänden des Hauses hängen die Bilder, die ich mein

Leben lang gestickt habe. Da liest man also keine Lügen auf dem Stramin.

Es wird Abend. Ein wenig später wird Mükerrem Bey kommen. Wie immer werde ich sein Jackett nehmen und an die Garderobe hängen. »Herzlich willkommen«, werde ich sagen, und er wird antworten: »Da bin ich wieder.« Er wird seine Pantoffeln anziehen und ins Wohnzimmer gehen. Wenn er sich auf den Sessel setzt, wird er das Kissen zurechtrücken. Der Fernsehapparat wird laufen, aber er wird lieber Zeitung lesen. Er wird seine Lesebrille suchen und finden, und wenn er ein Bein über das andere legt, wird er seine Hose zurechtziehen. Seine Lektüre wird er mit dem Wirtschaftsteil beginnen. Nachdem ich ihn eine Weile durch den Türspalt beobachtet habe, werde ich in die Küche gehen. Ich werde die gefüllten Weinblätter, die ich am Nachmittag zubereitet habe, aus dem Topf nehmen, auf einer Metallschale für ein Essen für zwei Personen verteilen und auf schwacher Flamme erhitzen. Ich werde den Lattich tüchtig waschen und daraus einen Salat machen. Wenn ich die Zwiebel für den Salat schneide, werden meine Augen tränen, aber das werde ich nicht tragisch nehmen. Wenn ich mit meiner Arbeit fertig bin, werde ich mir die Hände gründlich waschen, damit der Zwiebelgeruch nicht auf meiner Haut bleibt. Die Anrichte werde ich abwischen und trocken reiben. Die Bohnen in Olivenöl, einen Rest von gestern, werde ich auch hervorholen. Um dann, um den Tisch zu decken, ein paar Mal, ganz leise, auf Zehenspitzen, ins Wohnzimmer zu gehen. Teller, Gabeln, Wassergläser, Servietten, Brot, der Salat, die Bohnen in Olivenöl und zum Schluss die gut erhitzten gefüllten Weinblätter. Mit kaum vernehmbarer Stimme werde ich sagen: »Der

Tisch ist gedeckt.« Er wird es hören, wird aufstehen und sich an den Esstisch setzen. Eine Weile essen wir, ohne zu reden. Ich werde fragen: »Wie war es heute?« Worte, die irgendwie aneinander gereiht sind, werden aus seinem Mund kommen: »Da waren zwei Hosenbeine. Außerdem habe ich einen Reißverschluss ausgewechselt. Ich muss ein neues Maßband kaufen. Es ist ziemlich alt und kann nur noch zweiundachtzig Zentimeter messen.« Wir werden wieder schweigen. Danach wird er sagen: »Heute ist es heiß« oder »kalt« oder »schwül«. Ich werde nicken. Das Essen wird zu Ende sein. Ich werde sagen »Hoffentlich hat es dir geschmeckt«, und er wird sich für meine Mühe bedanken.

Ich werde den Esstisch abräumen. Er wird seinen Teller und vielleicht den Brotkorb in die Küche bringen. Ich werde das schmutzige Geschirr spülen. Er wird drinnen fernsehen, eine Serie oder eine Tierdokumentation auf einem ausländischen Kanal. Ob er bei der Sache oder ganz woanders ist ... er stützt die Hand unter sein Kinn und wird beobachten, wie die Schauspieler, die wie Schaufensterpuppen gekleidet sind, einander anschauen oder anschreien. Er wird sich die Jagd zweier Tiger im Dschungel auf ein Hirschkalb ansehen oder die Unterwelt von Ameisenhaufen. Während die Bilder wechseln, wird sich Mükerrem Beys Gesicht oder seine Haltung fast nicht ändern. Eine Weile später werden ihm die Augen zufallen, und sein Kopf wird sich allmählich nach vorn neigen. »Steh auf, geh ins Bett, Mükerrem Bey«, werde ich sagen, er wird keine Einwände erheben, wird seine Pantoffeln mit der Fußspitze finden und anziehen, wird schwankend aufstehen und zuerst ins Bad gehen. Ich werde seinen

Gang zur Toilette hören, sein Händewaschen, das Abtrocknen und sein Zähneputzen. Er wird das Bad verlassen, wird mir »Gute Nacht« sagen, wird sich schwerfällig ausziehen, seinen Schlafanzug anziehen und sich dann ins Bett legen.

Die Haustür wurde geöffnet und geschlossen. Schritte nähern sich. Kurz darauf dreht sich der Schlüssel im Schloss, und Mükerrem Bey tritt ein. Ich muss aufstehen und ihm entgegengehen. Aber da ist ein Stechen in meiner Brust. Ein heimtückischer Schmerz, der mir seit langem Sorgen macht. Eine Müdigkeit, die mir Schwierigkeiten bereitet, Atem zu holen, die mich so überfordert, dass ich den Mund nicht öffnen kann, die mich nachts nicht schlafen und morgens nicht aufwachen lässt. Ich suche nach dem Grund und kann ihn nicht finden. Ich bin sogar heimlich zum Arzt gegangen, und man sagte, da sei nichts. Zuhause bewege ich mich weniger, damit die Schwere, die auf mir lastet, verschwindet, und ich esse weniger. Ich trinke sogar weniger Wasser. Manchmal weine ich, wenn ich allein bin. Aber dadurch nehmen meine Beschwerden zu. Ich fürchte, eine herrenlose Nadel ist in meine Ferse eingedrungen; von unten nach oben ist sie allmählich durch meinen Körper weiter vorangegangen, und schließlich ist sie da und hat mein Herz berührt.

Die Toilettenfrau

Es war schon lange her, dass sie sich einmal im Spiegel betrachtet hatte. Obgleich an ihrem Arbeitsplatz alles um sie herum voller Spiegel war.

Die junge Frau wühlte lange in ihrer riesigen Tasche, zog schließlich einen kleinen Stift heraus und begann sich die Lippen zu schminken. Ohne den Mund zu bewegen, sang sie leise ein Lied: Und reicht der Atem nicht, dich zu rufen, so streck ich doch ...«

Die Zeit, in der sie sich schminkte, reichte gerade für diese Zeile. Dann war Schluss! Sie presste die Lippen zusammen, damit sie die Farbe aufsaugten. Zufrieden blickte sie in den Spiegel. Bevor sie den Lippenstift wieder verschloss, schüttelte sie den Kopf, um die Haare aufzulockern. Sie hatte die große Tasche am Arm hängen und hielt ein Telefon in der Hand. Klatsch! Da fiel ihr der Lippenstift herunter: Ein roter Fleck auf dem Boden!

Sie stieß einen gellenden Schrei aus, als hätte sie sich den Arm am Ofen verbrannt. »Ich habe ihn doch erst neu gekauft«, murmelte sie vor sich hin. »Der kommt mir jetzt nicht mehr an die Lippen!«, stöhnte sie und verzog den Mund. Da traf sich ihr Blick mit dem von Saime. Die Frau wandte sich ab. Ihr Telefon klingelte. Während sie das Gespräch annahm, warf sie sich die Tasche über die Schulter. Den Lippenstift auf den Boden schob sie einfach mit dem Fuß zur Seite.

»Na mein Schatz, was gibt's denn?«, sagte sie am Telefon und verließ dabei die Toilette.

Der Stift rollte über den Boden und blieb vor Saimes Füßen liegen. Saime hob ihn auf und warf ihn in den Abfall. Sie schaltete das kleine Radio ein, das sie in der Tasche bei sich trug. Da erklang das Lied mit den Worten: »Und reicht der Atem nicht, dich zu rufen, so strecke ich doch meine Hände nach dir aus ...«

Eine andere Frau betrat nun den Raum und knallte die Tür der Toilettenkabine zu. Doch sie blieb nicht geschlossen sondern sprang wieder einen Spalt weit auf. Der Frau war das gleich. Kurz danach hörte man die Wasserspülung rauschen und eilig, wie sie gekommen war, ging sie schnell wieder hinaus. Das war Nummer 27!

Saime nahm ihren Putzlappen, gab etwa Reinigungsmittel darauf, trat in jede Kabine und wischte den Boden auf. In der zweiten Kabine fehlte das Toilettenpapier. Sie nahm eine neue Rolle aus dem Schrank und legte sie an ihren Platz. Dann drückte sie auf die Spülung, obgleich es nicht nötig gewesen wäre. Dann nahm sie wieder ihren Platz ein, setzte sich wie gewöhnlich auf ihren Schemel.

Die Nummer 27: Eine Frau mit Kind. Falsch: Es waren 27 und 28. Sie traten in dieselbe Kabine, doch sie zählten als zwei Personen. Das Kind weinte die ganze Zeit. Die Frau schrie es an. Es hatte sich beim Spielen in die Hosen gemacht. Die Frau fragte: »Habe ich es dir nicht gesagt? Habe ich es dir nicht schon hundert Mal gesagt?«

Hundert? Eins, zwei, drei, vier, fünf, sechs ... hundert, das ist eine große Zahl. So oft hatte sie es nicht gesagt. Und was hätte sie auch sagen sollen: »Nicht pinkeln, nicht pinkeln, nicht pinkeln!« Hatte sie hundert Mal ›nicht pinkeln!‹ gesagt?

Das Kind gab keine Ruhe. War es ein Mädchen oder ein Junge? Das war nicht klar. Es trug eine beige Hose. Darüber eine kurze, grüne Jacke. Es trug weder etwas Blaues noch etwas Rosafarbenes. Man konnte nicht sehen, was es war. Auch waren seine Haare kurz geschnitten.

Saime wollte das Kind zu sich nehmen und streicheln, um es zu beruhigen. Das tat sie dann auch und schließlich war das Kind still.

Jetzt kam Nummer 30: Eine alte Frau. Mit schleppenden Schritten betrat sie eine Kabine. Im Spalt zwischen Tür und Boden sah Saime, wie ihr beim Herunterschieben der Unterhose, der Seidenschal herunterfiel. Sie machte ihr Geschäft, danach hob sie den Schal auf, legte ihn um und ging. Und das Kind weinte immer noch.

Darauf blieb die Toilette fünf Minuten lang leer. Saime wollte sich eine Zigarette anstecken. Doch dann hatte sie doch nicht genug Mut dazu, denn es könnte sich ja jemand über sie beschweren. Denn die Leute verließen gerade das Kino.

Jetzt kamen die Nummern 31, 32, 33, 34 ... 42, 43 ...

Eine Frau ging hinaus und eine kam herein. Dann bildete sich eine Warteschlange. Beim Warten konnten einige nicht geduldig stillstehen. Sie verlagerten das Körpergewicht von einem Fuß auf den anderen. Hier drinnen wurde es langsam ziemlich warm und Saime begann zu schwitzen.

Bei Nummer 54 war Schluss, es entstand eine Pause. Nun machte sie wieder sauber, doch diesmal wischte sie nicht nur den Boden, sondern auch die Toilettenschüsseln. In einer Hand hatte Saime das Reinigungsmittel, in der anderen die Bürste. Das Wasser in der Toilettenschüssel war wie ein Spiegel. Darin sah Saime ihr Gesicht in sanften Wellen. Sie wich zurück, denn sie sah alt aus. Sie schaute noch einmal genauer hin. Nein, was sie dort gesehen hatte, war nicht ihr eigenes Gesicht. Es war ein Gesicht, irgendein Gesicht. Sie beugte sich vor und wirbelte mit der Bürste ein wenig das Wasser auf. Das Wasser war eine Weile bewegt, doch dann erschien wieder ein Bild auf dem Wasser – ein Gesicht. Das Gesicht eines Fisches, der Saime anschaute. Er schwamm herum, entfernte sich und kam wieder näher. Saime kniff die Augen zu. Jetzt waren zwei Fische im Wasser. Je öfter Saime mit den Augen blinzelte, desto lebendiger spielten die Fische miteinander. Sie rieben ihre Wangen aneinander und berührten einander mit den Schwänzen. Ihre glänzenden Körper drehten sie einmal nach dieser, einmal nach jener Seite. Sie vollführten seltsame Bewegungen, wurden dabei größer und dicker. Saime hielt es nicht länger aus und drückte auf die Spülung. Sie schüttete Reinigungsmittel in die Toilettenschüssel und schrubbte sie ordentlich, dann säuberte sie auch den Deckel und wischte ihn trocken.

Die Wände waren weiß gekachelt. Ebenso der Boden. Das war einerseits gut, andererseits schlecht. Wenn Wasser darauf tropfte, gab es einen Fleck. Doch wenn man die Kacheln säuberte, wurden sie schneeweiß. Jedes Mal wenn Saime sie abwischte, fühlte sie sich leichter und befreit – bis zum nächsten Fleck.

Auf der Toilette gab es keine Fenster. An der Decke hingen fluoreszierende Lampen. Hier wurde es nie dunkel. Dass es Abend war, konnte Saime nur an ihrer Uhr ablesen.

Um fünf vor sechs zog sie ihren Mantel über. Ihr Bus fuhr um viertel nach. Aber erst um acht Uhr war sie zu Hause.

Um zehn vor sechs wusch sie sich die Hände. Sie zeichnete die Liste ab, die hinter der Tür hing. Hatte sie den Mantel angezogen, machte sie sich auf den Heimweg. Sorgen begleiteten sie.

Draußen drängten sich die Menschen. Schaufenster, Leute, Kinder, Schaufenster, Menschen und wieder Schaufenster ... Die Rolltreppen waren in Betrieb. So wie sich Saime nicht im Spiegel betrachtete, blickte sie auch den Menschen nicht ins Gesicht. Sie schaute nach den Pullovern, den Kleidern und den Preisschildern. Und sie blickte ins Leere. Wenn sie auf der Rolltreppe fuhr, hielt sie sich am Handlauf fest. Die Stufen der Rolltreppe zu zählen war unmöglich. Als sie von der letzten Stufe stieg, war sie sehr vorsichtig. Ein Jugendlicher rannte vorbei und stieß sie an. Ohne sich umzudrehen lief er einfach weiter. Als Saime durch die große Drehtür trat, knöpfte sie sich den obersten Knopf ihres Mantels zu und stellte den Kragen hoch. Draußen schlug ihr die frische Luft entgegen. Das tat gut. Sie zündete sich eine Zigarette an.

An der Bushaltestelle wartete sie auf den Bus Nummer 80. Außer ihr standen dort noch weitere neun Leute. Es wurde langsam dunkel. Inzwischen warteten mit Saime zusammen 15 Leute an der Haltestelle. Der 121er, der 12er, der 82er, alle kamen sie vorbei, nur der 80er Bus nicht.

Saime war müde vom Warten. Sie hatte keine Zigaretten mehr. Das war noch nie vorgekommen, der 80er verspätete sich zwar manchmal, aber gekommen war er noch immer. Da musste etwas ganz außergewöhnliches passiert sein. Sie fragte sich, ob die Leute um sie herum wohl auch auf den 8oer Bus warteten? Saime kannte eine Frau unter ihnen. Sie hatte sie ein paar Mal in der Toilette gesehen. Sie blieb nur immer kurz in der Toilettenkabine, kam dann heraus und wusch sich die Hände. Dazu riss sie nur ein Papierhandtuch ab, trocknete sich die Hände ab, warf einen Blick in den Spiegel und ging schnell hinaus. Sie war um die 30 Jahre alt, vielleicht war sie auch schon 35. Saime wollte diese Frau fragen. Hatte sie den Bus etwa beim Warten übersehen? Ob sie wohl Näheres wusste? Aber vielleicht wusste diese Frau auch nichts und der 8oer Bus war tatsächlich noch nicht gekommen. Also sie konnte sich die Antwort, die sie erhalten würde schon vorstellen, aber das war ihr egal. Immerhin wären sie dann Leidensgenossen. Das würde die Zeit leichter vergehen lassen – eine kleine Pause in der sie ein zwei Worte wechselten. Manchmal lassen einige Worte den Menschen seinen Kummer vergessen, auch wenn sie keine große Bedeutung haben.

Saime taten die Füße sehr weh. Außer während ihrer Pausen von wenigen Minuten auf ihrem Hocker in der Toilette, war sie seit fünf Uhr morgens auf den Beinen. Vom Knie abwärts waren ihre Beine eingeschlafen. Sie fühlte sich, als habe sie statt ihrer Beine an dieser Stelle zwei große, wassergefüllte Eimer. Sich etwas zu bewegen, würde ihr sicher gut tun. Sie schaute die Frau an und die Fremde blickte sie an. Schüchtern trat sie näher an sie heran. Da streckte die Frau plötzlich ihre Hand in die Höhe und ein Taxi hielt am rechten Straßenrand. Die Fremde stieg ein und der

Wagen fuhr los. Möglicherweise brachte das Taxi die Frau in einen Stadtteil, in dem auch Saime wohnte.

Nun stand Saime ganz allein an der Haltestelle. Die anderen Wartenden waren entweder in andere Busse gestiegen, oder hatten ihren Weg zu Fuß fortgesetzt. Der Bus Nummer 80 war nicht gekommen. Saime fragte sich, was sie machen sollte und schaute sich um. Ihr fiel nichts anderes ein, als nach Hause zu laufen.

Sie folgte dem Weg, den auch der Bus immer nahm. Sie kannte diese Gebäude, diese Gitter, diese Mauer und jenen Baum dort. So lief sie immer weiter. An den Verkehrsampeln bog sie rechts ab. Dann freute sie sich, als sie die nächste Haltestelle ihrer Buslinie sah. Sie war auf den richtigen Weg, denn der Bus Nummer 80 passierte auch immer diese Haltestelle. Sie ließ die Haltestelle hinter sich und blickte nicht zurück.

Die Gebäude wurden nun zunehmend höher. Es war unmöglich den Himmel zu sehen, denn das Wetter war schlecht – alles war tiefschwarz. Saime überlegte, umzukehren. Doch dann hatte sie nicht den Mut dazu und ging weiter.

Hier draußen gab es keinen Bürgersteig mehr. Saime lief an den Leitplanken der Autobahn entlang. Ihre Befürchtungen verdichteten sich jetzt und sie war gefasster. Wenn die Lage ohnehin aussichtslos ist, macht es keinen Sinn, sich zu fürchten. Sie lief weiter.

Die Lichter der Stadt lagen weit zurück und weit vor ihr. Da kam Wind auf. Saime stemmte sich gegen den Wind und setzte ihren Weg fort.

Sie wusste nun nicht mehr, wo sie war, hatte sich verlaufen. Kein Mensch war in der Nähe, den sie nach dem Weg hätte fragen können. Neben ihr fuhren die Autos mit höchster Geschwindigkeit und sie hatte nicht den Mut ihnen zu winken. Sie ging jetzt nicht mehr, sondern rannte.

Beim Rennen hörte sie ihre eigenen Atem, ihre eigenen Schritte. Das war besser. So konnte sie vielleicht schneller zu den Lichtern gelangen, die sich immer weiter von ihr entfernten. Vielleicht schaffte sie es. Sie rannte und rannte.

Sie ließ ihre Tasche fallen. Für einen Augenblick dachte sie daran, die Tasche liegen zulassen und einfach weiter zu laufen. Aber ihr Schlüssel war in der Tasche. Ohne ihn würde sie auf der Straße stehen. Und wenn jemand sie nach ihrem Personalausweis fragte? Sie lief ein paar Schritte zurück, hängte sich schnell die Tasche an den Arm und rannte weiter.

Sie bekam keine Luft mehr. Das Herz schlug ihr bis zum Hals. Es kamen nun weniger Autos vorbei. Sie setzte sich an den Straßenrand. Hier gab es nichts, woran sie ihren Rücken lehnen konnte.

Saime hatte Durst. Inzwischen waren alle Lichter verschwunden. Der Mond ging auf. Das bedeutete, dass es noch immer eine Hoffnung gab.

Saime rannte nicht mehr. Sie erhob sich auch nicht und ging nicht weiter voran. Wo sie sich gerade befand, streckte sie sich aus und deckte sich mit der Decke des Himmels zu.

Als sie erwachte, sah sie, dass sie sich auf einem endlosen, ebenen Feld befand.

Die Erde, die sich so weit das Auge sehen konnte hinzog, war frisch gepflügt. Zu ihren Füßen war eine feuerrote Blume erblüht – groß wie ein Teller. Saime beugte sich zu der Blume hin und roch an ihr. Sie packte sie am Stiel und riss sie heraus. Die Blume hatte eine Wurzel, zehnmal größer als die ganze Pflanze. An der

Stelle, an der sie gestanden hatte, hatte sich jetzt ein großes Loch aufgetan. Saime beugte sich darüber, doch es war nichts zu sehen. Die Dunkelheit darin schien sich bis in alle Unendlichkeit zu erstrecken. Vielleicht war dies der Nabel der Welt. Saime beugte sich noch ein wenig weiter vor. In der Hoffnung, vielleicht doch etwas sehen zu können, kniff sie die Augen zu. Da gab es am Grund des Lochs eine kaum wahrnehmbare Bewegung. Waren das nicht zwei Fische dort unten? Saime strengte sich noch mehr an und beugte sich ziemlich weit hinunter. Am Ende hatte sie den Kopf so tief geneigt, dass ihr schwindelig wurde, sie in das Loch stürzte und nicht mehr zu sehen war.

Zwei Verkäuferinnen

Alles was erzählt wird, stellt die Realität nur unzureichend dar – oder es übertrifft sie um das Fünf- bis Sechsfache. Genau ins Zentrum der Wahrheit zu treffen ist ohnehin unmöglich. Und was wir machen, wenn wir genau in die Mitte treffen, das steht auf einem anderen Blatt. Dennoch hatte ich den Wunsch, diese Geschichte, so wie sie eben war, zu erzählen. Vielleicht kam mir der Gedanke, weil ich aus der Ferne undeutlich ein Lied hörte, als ich auf dem Balkon saß und mir die Glieder in der Herbstsonne wärmte.

Wir waren in einem Konzert von Erkin Koray gewesen, in einer Bar in Arnavutköy. Als die von der Decke hängenden Spotlichter sehr spektakulär immer wieder aufblitzten, genau um Mitternacht, als es zwölf schlug, erklang dieses Lied:

Verrückte Frau, du hast mich nie verstanden
Stockschläge konnten deinen Dickkopf nicht beeindrucken
Sagst du, dass du tot bist, dann lügst du
Sagst du, dass du am Leben bist, dann lügst du,
alles Lügen
Verrückte Frau, du hast mich nie verstanden

Eines Tages wirst du um Gnade bitten
Dann wirst du wissen,
Wie töricht, wie unbändig, ich dich liebte
Ich habe genug vom Kummer, habe alles satt

Bis zu diesem Zeitpunkt hatte ich noch keinen Tropfen Alkohol getrunken. Der Grund dafür lag darin, dass ich ein antibiotisches Mittel eingenommen hatte. Doch dieses Lied machte mich trunken. Sie tanzte neben mir. Eigentlich konnte man das nicht tanzen nennen. Sie schlingerte und torkelte herum wie ein vom starken Südwind erfasstes Boot. Und ich stand bewegungslos wie eine festgefügte Landungsbrücke daneben. Sie stieß mich dauernd an. Von ihren Haaren ging ein wohlriechender Seifengeruch aus. Ihren Körper umspielten sengende Flammen. Ich war ganz verwirrt!

Wir waren uns gar nicht ähnlich. Sie hatte glatte blonde Haare, ich dagegen trug schwarze Locken. Sie war von großer Statur, ich ein wenig größer als ein Zwerg. Sie war ausgelassen, unstet und unbefangen, ich verantwortungsvoll, schwerfällig und verdrießlich. Sie war getupft, ich gestreift. Dennoch hatten wir uns – Punkt und Komma – zu einem Semikolon zusammengeschlossen.

Ich war der Punkt: Ein winziges Zeichen, dessen Aufzeichnung sich angesichts des Zustandes der Welt nicht lohnte.

Sie war das Komma: Ein attraktiver, aus der Spur geratener Zug, dem pausenlos neue Wagen angehängt wurden.

Ihr Name war Semiha. Se-mi-ha ... Drei Silben, die sich im Mund verteilten. Wir waren beide noch keine 20 Jahre alt und hatten uns in der Kantine der Schule kennengelernt. Vom ersten Augenblick unseres Kennenlernens an haben wir uns prächtig vergnügt. Über alles haben wir gelacht: Über die Ameise auf der Erde, die Kraniche am Himmel, den Rand des kleinen

Schemels und über diesen und jenen Traum. Sie studierte Ökonomie, ich Journalismus. Sie wollte Generaldirektorin in einer Bank werden, ich Journalistin. Wir waren beide Verkäuferinnen – notgedrungen! Sie hatte keine andere Arbeit finden können; auch mir hatte sich keine andere Möglichkeit geboten.

Sie war sehr leichtlebig, diese niederträchtige Person! Wo sie hintrat brannte es, so feurig war sie! Ihr liefen reihenweise völlig verwirrte Jungen nach, die sie in diesen jämmerlichen Zustand versetzt hatte. An einem Tag hatte sie in der Kantine ganz ergriffen einem Jungen zugehört, der ihr – »Du bist die Liebe meines Lebens« – seine Liebe gestand, doch schon am nächsten Tag wurde sie mit dessen engstem Freund in einem leeren Klassenraum erwischt. Mittags ging sie mit Ahmet ins Kino und brachte ihn in Wallungen, am Nachmittag saß sie dann mit Mehmet in einer Bar und sprach dem Alkohol zu. Sie wirbelte alle in ihrer Umgebung durcheinander: Jungen aus der Oberschicht mit reichen Vätern, zukünftige Models, lustgesteuerte Lehrer, unerfahrene Milchbubis, Unternehmer, religiöse Würdenträger, Geister und Feen ... und dann gab es noch diese Intellektuellen, die schieläugig und mit Schnapsgläsern in der Hand Seite an Seite direkt durch den Eingang hereinströmten. Diese taten mir am meisten Leid. Ihre Schwänze, die sie unter großer Anstrengung steif halten wollten, schleiften bei ihrem Anblick über den Boden und ihr ganzes Charisma brach in sich zusammen. Natürlich, ein Teil dieses Packs war ja verheiratet. Ich habe aber nicht nachgerechnet, in wie vielen Familien deshalb der Haussegen schief hing.

Als sie nach dem Ende ihrer Schulzeit keine Arbeit fand, nahm sie eine Stelle in einem Laden an. Anfänglich war sie dort sehr unglücklich. Sie maulte wegen der Frauen, die alles anprobierten und dann ohne etwas zu kaufen das Geschäft verließen. Die auf links gedrehten, achtlos zur Seite geworfenen Pullover zusammenzufalten und zurück auf die Regale zu legen, die richtige Hosengröße zu finden, langweilte sie unbeschreiblich. Doch dann fand sie einen Weg, sich zu vergnügen. Sie widmete sich den Männern, auch wenn eigentlich die Frauen in deren Begleitung die potentiellen Kundinnen waren. Oder richtiger: Sie flirtete mit den Männern ohne sich um deren Frauen zu scheren. Die Inhaber des Ladens stellten schon nach kurzer Zeit fest, über welche natürliche Begabung sie verfügte und versetzten sie in die Abteilung für Herrenkonfektion. Wer weiß wie viele Leute sie dort um ihr Geld erleichtert hatte. Zu den Männern mit Bauch und Halbglatze, die neue Kleidung anprobierten, sagte sie: »Ach, wie gut Ihnen das steht!« Und wenn sie diese Einfältigen mehr und mehr umschmeichelte, kauften die jeweils gleich zwei Pullover, gleich zwei Hosen. Sie wandte billige Tricks an, wenn einige dieser Kunden ihre Telefonnummer hinterlassen wollten und diese Herren ihr anboten – besonders wenn die Mittagspause kurz bevorstand – sie nach Hause zu begleiten ... sie war einfach unersättlich!

Als die schwangere junge Frau aus der Kinderabteilung ihre Stelle aufgab, verschaffte sie mir im gleichen Laden eine Arbeitsstelle. Ich jedoch hasste Kinder. Wenn sie ihre Münder weit aufrissen, ihre lückenhaften Zähne zeigten und dabei jämmerlich schrien, kam in mir der Wunsch auf, sie mit einer Fliegenklatsche zu zerquetschen. Doch konnte ich diese Arbeit nicht ablehnen. Sie war dort, also fand ich mich mit allem ab.

Ach Semiha, ach!

Während sie mit allen Männern in der ihr eigenen Art flirtete, war ich nur ein Krümel, den sie auf dem Teller zurückließ. Ich war für sie wie eine halbvolle Flasche in einer Vitrine, wie eine Rückenlehne, ein Rückspiegel, eine Randverzierung oder wie ein Aschenbecher. Aber vor allem war ich dort jederzeit gemeinsam mit ihr an einem Ort. Das wollte auch sie, und ich wollte es erst recht!

Tante Pakize und Onkel Zekeriya hatten keine Ahnung von den Bars, die ihre Tochter besuchte und von den Jungen, mit denen sie sich abgab. Onkel Zekeriya war ein pensionierter, alter Polizeibeamter, der sich ganz gewieft durchbrachte. Tante Pakize war Hausfrau. Semiha sagte ihnen oft, sie sei mit mir zusammen – zwei Mädchen, enge Freundinnen, das beruhigte die beiden älteren Leute. Manchmal besuchte ich Semiha auch zu Hause. Dann zogen wir zwei uns in Semihas Zimmer zurück. Ach, das waren die süßesten Augenblicke in meinem Leben! Das war ein ganz besonderes Ereignis! Wir drehten das Radio auf volle Lautstärke, doch zuvor sangen wir laut schreiend unser Lied:

»Verrückte Frau, du hast mich nie verstanden ...«

Unser Lied. Wie schön!

Danach führte sie ein paar Telefongespräche mit einigen der Kreaturen, die ihr nachliefen. Ich schmuste ganz zärtlich mit der Katze. Wenn sie die Gespräche beendet hatte, fluchte sie laut und setzte sich zu mir. Sie stieß die Katze weg und schlang ihre Arme um mich. »Na komm«, sagte sie, »lackiere mir die Fingernägel.« Da wollte ich gern ihre Maniküre sein – das war mein dringlichster Wunsch. Ihre Maniküre. Einen nach dem anderen legte ich ihre Finger in meine Handfläche. Ich lackierte ihre Nägel in den schillerndsten Rottönen. In dieser Situation kam Tante Pakize herein und brachte uns eine Platte mit noch dampfenden Teigpasteten. Dabei war Semiha doch viel schöner als alle diese Pasteten.

In den seltenen Augenblicken, in denen ich über mich selbst nachdachte, erfassten Sorgen mein Herz, denn ich war nicht zufrieden mit meiner Lage. Die Einsamkeit bedeutete nichts als eine große Plage für mich. Es gab ja solche vergnüglichen Menschen, die sich über jedes Thema unterhalten konnten, die von Zweig zu Zweig sprangen und sich ablenken konnten. Doch zu diesen gehörte ich nicht.

Mein Spiegelbild blickte mich wirklich abweisend an: Meine Brauen waren zusammengewachsen, die Lippen schmal und die Haare rebellisch. Mein Gesicht war keines, das den Polizisten gefiel, die Fahndungsfotos zeichneten. Alles war wie bei jedermann – ein Dutzendgesicht. Deshalb erinnerte sich in diesem Leben auch kaum jemand an mich. Wenn ich zufällig Freunde aus der Kinderzeit und Nachbarn aus meinem alten Stadtviertel treffe, schauen sie mich an, als sei ich eine Wand. Dann gehen sie schnell vorbei. Es ist offensichtlich, dass sie mich schon vor langer Zeit aus ihrem Gedächtnis gestrichen haben. Dass ich einen grüßte und darauf in die Verlegenheit geriet zu erklären wer ich bin, ist mir schon so oft passiert: »Ich bin doch diejenige, die an dieser oder jener Ecke gewohnt hat ... na, die Tochter von dem ... in dem Haus ganz hinten ...«

Als Mensch war ich 08/15, das heißt Durchschnitt! Ich erhielt nie die Bestnote, war nie erstklassig. Aber ich bekam auch nicht die allerschlechtesten Bewertungen. In meinem Hirn war nichts als ein sich unablässig drehendes grünes Licht. Wenn es Abend wurde, schickte die Sonne genau in dem Augenblick, in dem sie verschwand, gewissermaßen in Todesangst für einen sehr kurzen Moment einen grünen Lichtschein auf die Welt herab. Ein solches Licht leuchtet auch in mir.

Ich war mit mir zufrieden, weil ich mich in ihrer Gestalt wiedererkannte. Sie nannte mich »mein Granatäpfelchen« und sagte: »Wenn du bei mir bist, fühle ich mich wohl, denn du vertreibst mir die Angst.« Zu Zeiten, in denen sie sehr glücklich war, gab sie mir feuchte Küsse auf die Wangen. War sie traurig, legte sie den Kopf auf meine Knie und weinte. Dann strich ich ihr zärtlich über den Kopf und sie beruhigte sich. Später erhob sie sich und schaute mir direkt in die Augen. »Es ist gut, dass es dich gibt«, sagte sie. »Wenn du nicht da wärst, würde ich jetzt Selbstmord begehen – ganz bestimmt!«

Ich wusste, dass sie dem Leben nie entsagen würde, doch dass sie den Tod erwähnte, schmerzte mein Herz. Dieses Wort mit den drei Buchstaben auszusprechen, schickte sich nicht für einen Menschen!

»Sprich nicht so«, bat ich sie oft. »Wie könnte ich weiterleben ohne dich?« Sie fiel mir um den Hals und rief: »Ach, mach dir nur keine Sorgen. Du wirst schon sehen, ich lebe bis in alle Ewigkeit!«

Was dann passierte, hatte sie nur ihrer Unachtsamkeit zuzuschreiben: Ihr Vater erwischte sie, als sie auf der Küstenstraße mit einem ausgemachten Trottel händchenhaltend herumspazierte!

Ach, das hätte ich gern gesehen. Als Onkel Zekeriya vom Bürgersteig der anderen Straßenseite her rief, ließ sie den Jungen einfach stehen und rannte wie von Sinnen los. Ein verrücktes Weib! Onkel Zekeriya lief hinter ihr her. Schließlich schaffte sie es gerade noch in einen Bus, so dass ihr Vater sie nicht aufhalten konnte. Vor lauter Angst fuhr sie weiter bis nach Sarıyer – sie war völlig durchgedreht und derangiert. Als Onkel Zekeriya sah, dass sie in den Bus gesprungen war, gab er die Verfolgung auf. Er drehte sich um und rannte dem Trottel hinterher. Der Junge war dümmer und ließ sich festhalten. Onkel Zekeriya verprügelte ihn nach Strich und Faden. Sein nagelneues Hemd wurde zu einem Lappen, mit dem man den Boden aufwischen konnte. Seine sorgfältig gegelten Haare waren zerrauft wie die Wolle einer Angoraziege. Onkel Zekeriya konnte seinen Zorn nicht zügeln. Er kam nach Hause, nahm seinen Dienstrevolver aus der Kommode am Kopfende seines Bettes und legte sie auf den Esstisch. Tante Pakize fing daraufhin zu weinen an.

Und was machte unsere liebe Semiha? Sie kam gegen Abend nach Hause und klapperte mit den Absätzen als sei nichts geschehen. »Das war nicht ich«, sagte sie. »Wie kommst du denn auf so etwas?«, fragte sie und fügte hinzu: »Nun erzähl aber keinen Unsinn!« Je länger sie leugnete, desto mehr regte sich Onkel Zekeriya auf. Er nahm den Revolver in die Hand und steckte eine Patrone in den Lauf. Das Klicken des Mechanismus ließ sie den Verstand verlieren. In ihrer Angst rief sie: »Mein Gott, ich kann doch mit Männern gar nichts anfangen!«

Da hielt Onkel Zekeriya inne. Er war wie betäubt: In diesem Satz stimmte etwas nicht! Er kniff die Augen zusammen und kratzte sich mit dem Lauf der Waffe am Kopf. »Was soll denn das heißen?«, fragte er.

Da plaudert unsere Kleine wohl Gottes unerforschlichen Ratschluss aus: »Ich mag keine Männer, ich liebe Frauen!«

Onkel Zekeriya ließ jetzt die Waffe sinken. In Tante Pakizes Mund huschte eine Fliege hinein. An dieser Stelle hielt der Film an, das Bild fror ein.

Ich verstehe nicht, wie sie auf so eine Antwort kommen konnte. Möglicherweise ist ihr dieser Satz aus einer Windung ihres Hirns gesickert. Ohne lange über die Konsequenzen nachzudenken, nur in dem Wunsch, kein Loch in den Kopf geschossen zu bekommen, hat sie das denkbar Dümmste gesagt. Es musste etwas so Unsinniges sein, dass es den Vater, die Mutter und die Patrone plötzlich bewegungsunfähig machen würde.

Doch es gab noch eine weitere Möglichkeit, die mich fast umbrachte. Denn es stellte sich die Frage, ob in ihrer Aussage, die der ganzen Welt fremd und unverständlich vorkam, nicht doch ein Funken Wahrheit lag. Gab es nicht im geheimsten Winkel ihrer Gedanken die mit einem Fragezeichen verknüpfte Überlegung, wonach sie ihr Leben auch mit einem nichtmännlichen Wesen teilen könnte? Gingen ihr nicht auch einige der Gedanken durch den Kopf, die ich hatte, wenn wir beiden verrückten Frauen zusammen waren? Träumte sie nicht auch davon, mir ohne einen besonderen Grund, nur aus Lebenslust, für einen kurzen Augenblick ihr Herz zu öffnen, um mich zu berühren? War das ein Eingeständnis, war das eine Lüge?

Eine Antwort auf diese Frage habe ich nie bekommen. Doch mich an die Möglichkeit zu klammern, dass es ein Eingeständnis war, ermöglichte es mir, das liederliche Leben zu ertragen, das sich vor meinen Augen abspielte.

Dieses ganze Durcheinander hatte auch auf mich seine Auswirkungen. Obgleich ich an den sich entwickelnden Ereignissen keine Schuld hatte und auch überhaupt nicht direkt beteiligt war, wurde ich dafür bestraft. Da ich die Frau war, die Semiha am nächsten stand, wurde ihr zuerst einmal der Umgang mit mir verboten. Sie gab ihre Stelle auf. Und danach wurde dann natürlich in aller Eile der am besten passende Kandidat für eine Heirat gefunden: Der Apotheker Mahmut. Ich hatte natürlich längst bemerkt, dass dieser Saukerl ein Auge auf sie geworfen hatte. Als Semiha Medikamente für Tante Pakize holte und er ihr die Beloc-Tabletten in die Hand drückte, habe ich gesehen, wie er ihre Finger zu berühren versuchte. Auch habe ich beobachtet, wie ihm fast die Augen aus dem Kopf getreten waren, während sein Blick über ihre Brust wanderte und sie sich an die Ladentheke lehnte, um die neu eingetroffenen Lippenstifte anzuschauen. Was hätte man auch anderes erwarten können, als dass er sich bei ihrer ersten Begegnung auf sie stürzen würde?

Semiha nahm das alles hin, als verliefe ihr Leben in den üblichen Bahnen. Bei mir meldete sie sich nicht mehr; sie begann, als sei dies auch ihr Wunsch, mit den Hochzeitsvorbereitungen. Ein paar Mal sah ich sie Arm in Arm mit diesem Kerl, der Leichengeruch um sich verbreitete, in den Einkaufsstraßen. Wie ein altes Ehepaar, das seit vierzig Jahren verheiratet war, betrachteten sie das Schaufenster eines Metzgers.

Anfänglich erfuhr ich noch bei unseren seltenen Telefongesprächen, was sich ereignete. Weil Vater und Mutter nicht bemerken sollten, dass sie mit mir sprach, konnten wir jeweils nur ein paar eilige Sätze wechseln. Später begann die Zahl dieser Sätze immer weiter abzunehmen und ihre Stimme wurde mir fremd. Außer über gemeinsame Freunde hatten wir keine Möglichkeit uns auszutauschen. Doch mit der Zeit brach sie auch zu diesen den Kontakt ab.

Ich war in ein tiefes Loch gestürzt, seit sie aus meinem Leben verschwunden war und ich hatte nicht den Mut, nach einem neuen Ast zu greifen.

Ich lenkte mich ab, so ging mein Leben dahin. Einige Zeit ging ich keinen Schritt aus dem Haus, später vergrub ich mich in Bibliotheken. Ich las, was mir in die Hände fiel, holte mir aber nie selbst ein Buch aus dem Regal. Ich ging in eine Bibliothek, saß immer am selben Tisch, auf demselben Stuhl und las, was gerade auf dem Tisch lag. Das war an einem Tag ein Buch über den Bergbau im Ruhrgebiet, am anderen ein Reiseführer über Kuba. Aber es konnte auch ein Kinderbuch sein, bei dem Seiten fehlten. Manchmal las ich einen Roman, zum Beispiel »Eine seltsame Liebesgeschichte«. Ich erinnere mich nicht an einen einzigen Autor der Bücher, die ich gelesen habe. Von manchen Büchern ist mir noch der Titel in Erinnerung, von manchen weiß ich auch ihn nicht mehr.

Dann wiederholte sich eine schon bekannte Situation: Der Bibliothekar kam und fragte mich, ob ich an einer Universität studierte und was denn mein Studienfach sei. Er begann Fragen zu stellen, die mir auf die Nerven gingen: »Sie haben ja nie ein Buch ausgeliehen, deshalb ...« Darauf schlich ich mich lautlos fort und suchte mir eine neue Bibliothek und fand für mich einen neuen Platz mit Tisch und Stuhl.

Irgendwann wurde mir das mit den Büchern zu langweilig. Meine Augen konnten auch diese winzige Schrift nicht mehr gut lesen. Daher habe ich angefangen, meine Zeit in den hinteren Reihen der Kinos totzuschlagen. Die Dunkelheit war mir angenehm, denn sie erlaubt es nutzlosen Gedanken nicht, den Verstand des Menschen in die Irre zu führen. Wenn die Situation auch künstlich herbeigeführt ist, ich empfinde in der Finsternis eine angenehme Ausgeglichenheit.

Ich suche mir nie einen Film aus und kenne auch keinen Regisseur oder Schauspieler. Ich mache mir nichts aus Namen. Welche Sicherheit kann einem denn ein Namen im Leben bieten? Was hat man denn davon, wenn einem der Film eines Regisseurs gefällt und man sich darauf auch seine anderen Arbeiten anschaut? Und wer will behaupten, ich könnte nicht mit Enttäuschungen fertigwerden? Macht es denn überhaupt einen Sinn, im Leben Sicherheit zu suchen? Ich setze mich hin und beobachte, was sich vor mir abspielt. Manche Filme gefallen mir besser, andere langweilen mich. Ich habe nur die Absicht, die Zeit herumzubringen. Mein einziger Trost ist, dass die Zeit, je älter man wird, schneller vergeht. Wenn ich früher ein Buch las, empfand ich genau, wie lange ich für eine Seite brauchte. Bei einem Film nahm ich jede Minute wahr. Jetzt stehe ich morgens auf und plötzlich ist es schon wieder Abend. So vergeht eine Woche, ein Monat, ein Jahr – die Zeit überschlägt sich und verrinnt. Selbst Semihas Name zerfällt in meinem Gedächtnis zu Asche.

Während ich mich in den Winkeln der Bibliotheken und den Kinos versteckte, hat auch Gott mich vergessen. Und er wird sich wohl auch nicht mehr an mich erinnern.

Wenn den Menschen ausmachte, was er im Leben nicht ertragen konnte, dann wäre ich der Herrscher dieser Welt. Wie alt bin ich inzwischen geworden? Ich habe keine Falte im Gesicht. Ich weiß, dass sich viele Frauen in diesem Alter abmühen, ein Gesicht wie meines zu haben. Ich allerdings tue nichts dafür.

Hätte ich nicht doch gern die Spuren eines bewegten Lebens mit seinen Liebesgeschichten, Enttäuschungen, Leidenschaften, Verlusten, Zufällen und Entdeckungen in meinem Gesicht gesehen? Hätte ich nicht gern die Erinnerungen Revue passieren lassen und mich in den Tiefen der Vergangenheit verloren?

Manchmal denke ich auch, dass solche Überlegungen nicht wirklich sinnvoll sind. Und was soll ich mit meinen Erinnerungen, wenn ich doch niemanden habe, dem ich sie erzählen kann? So ist es schon gut ... auf einem leeren Kissen sorglos und unbeschwert einzuschlafen ... das ist das Beste!

Großmutters Vergangenheit

»Du meine Großmutter, du warst der Rosenduft in meiner Kindheit, du warst verschwiegen und ich konnte dir meine Ängste anvertrauen. Mit dir spielte ich Verstecken. War ich auf der Straße draußen, erschienst du am Fenster und riefst mit sich überschlagender Stimme, mit aller Kraft meinen Namen: »Muraaat! Muraaat!« Den Klang deiner Stimme habe ich noch immer im Ohr. Großmutter: »Du hast gelacht, doch am Saum deiner Lippen schien immer auch ein wenig Traurigkeit auf. Du hast mich angeblickt, doch nur noch einen schwarzen Schemen gesehen. Jetzt sitzt du mir gegenüber, betrübt und unschuldig. Wie ein Kind. In den tiefen Falten deines Gesichts suche ich mich selbst, Großmutter. In der Dunkelheit deiner Augen liegt auch meine eigene Unerfülltheit. Ich lächele, denn du sollst dich auch freuen. Auf diese Weise tun wir beide einander etwas Gutes.« Ich überlege mir, dass ein Lächeln gar nicht zu mir passen würde. Aber ich kann ja auch nicht richtig lächeln. »Lache nicht, ich habe es oft vor dem Spiegel geübt. Aber alles was ich zustande brachte, war ein abweisendes Gesicht mit verkrampften Lippen. Großmutter, ich konnte nie lächeln – warum wohl?«

»Soll ich dir mal etwas sagen? Seit sie weggegangen ist überfällt mich jeden Abend zur gleichen Zeit ein Feuer. Zunächst erfasst es meine Füße, dann klettert es die Beine hinauf in Richtung Bauch. Ich schütte kaltes

Wasser über mich und kühle meinen Körper mit Eis. Doch es hilft nichts, das verwünschte Feuer verschwindet nicht. Es sitzt in mir fest, macht sich in mir breit, bis zum Morgen. Erst wenn es das Sonnenlicht sieht, verschwindet dieses teuflische Feuer. Doch wohin verschwindet es? Wer weiß, in welchem Winkel meiner Seele es sich verbirgt? Heimtückisch wartet es in einem Versteck auf die kommende Nacht. Und wenn es Zeit wird, kommt es wieder hervor. Wenn du deine riesige, schöne Hand darauf presst, könnte es vielleicht verlöschen, vielleicht Ruhe geben. Und wäre es nur für einen Augenblick, dann könnte ich einmal aufatmen. Großmutter, seit sie weggegangen ist, bin ich völlig zusammengebrochen. Wie die Wand einer verlassenen Schule bin ich zusammengestürzt. Hätte ich nicht noch diese letzte Kraft gefunden und mich zu dir geflüchtet – ich weiß nicht, was passiert wäre.«

Seit drei Monaten sitze ich am Saum des Berges İda und schaue meiner Großmutter zu. Wir befinden uns auf einer Reise durch die Zeit. Ich ringe jeden Tag mit einem anderen, aus der Vergangenheit auftauchenden Phantom: Ihr Duft, ihre Blicke, ein schlimmer Streit, ein Aufschrei, Sonnenaufgang und Sonnenuntergang, blaue Winde, der Schmerz in der Einöde, eine zerbrochene Vase, eine vertrocknete Rose, ein Aschenbecher mit abgenutztem Rand ... Meine Großmutter dagegen entflieht jeden Tag einem Schatten. Zuerst hat sie das Schreiben und Lesen vergessen, dann das Singen ihrer Lieder. Sie hat vergessen, wie man das Haar flechtet und sie hat meine Mutter vergessen. Ganz zum Schluss hat sie meinen Vater vergessen und wie sie heißt. Ich sage zu ihr: »Großmutter, du heißt Sabiha. Höre mal zu: Sa-bi-ha.« Ich frage sie immer wieder: »Wie ist dein

Name?« Sie dreht sich um und sagt: »Sabiha. Aber ich heiße doch Sabiha.« Da freuen wir uns gemeinsam. Wir klatschen in die Hände und rufen: »Sabiha, Sabiha!« Nach ein paar Stunden frage ich sie erneut: »Wie heißt du denn, Großmutter?« Ihr Gesicht zeigt den Ausdruck eines verlorenen Kindes, sie schweigt. Wenn ich auf meiner Frage beharre, wird sie ärgerlich. Sie erhebt sich von ihrem Platz und versteckt sich in der Höhlung im Stamm der riesigen Platane dort unten. Sie kommt nicht wieder heraus – um keinen Preis! Ich bemühe mich um sie bis zum Abend. Ich gebe ihr gute Worte, gebe mir alle Mühe – ohne Erfolg. Wenn es dunkel wird, bewegt sich etwas bei der Platane und sie kommt ins Haus. Sie setzt sich ans Fenster, lehnt sich an den Rahmen und blickt mit einem Ausdruck größter Besorgnis nach draußen.

»Erinnerst du dich, Großmutter. Wir waren damals in unserem Haus in Çanakkale. Der Großvater war kurz zuvor gestorben. Es ist seltsam, dass dich sein Tod, nicht so sehr wie ich vermutete, beeindruckte. Du bist stark geblieben, bist nicht zusammengebrochen und hast nur gesagt: »Befreit mich aus dieser Stadt. Ich mag die Stadt nicht mehr. Findet ein kleines Dörfchen und bringt mich dorthin.« Doch mein Vater und meine Mutter - alle stellten sich gegen diesen Plan. Sie konnten die Stadt nicht verlassen. Was mich angeht, so sollte ich ohnehin wenige Jahre später zur Universität in Istanbul gehen. Sie fragten: »Mutter, wie willst du denn ganz allein auf dem Dorf leben?« Da hast du widersprochen und versichert: »Das schaffe ich schon! Mischt euch nicht in mein Leben ein«, hattest du Vater und Mutter gescholten. Wie hat mir doch das Gesicht gefallen, das sie machten, als sie den Tadel einstecken mussten! Erinnerst du dich daran, wie wir uns damals insgeheim zugezwinkert haben? Später haben wir alle gemeinsam den Wagen bestiegen, um die Umgebung zu erkunden. Vater fuhr das Auto, wir beide saßen auf dem Rücksitz – Seite an Seite. Einmal kamen wir durch ein Dorf, das dir gefiel, dann wieder durch eines, das mein Dorf war ... Ein Dorf gefiel dir nicht, weil es am Meer lag: »Doch war das dein Ernst, dass du das Meer gar nicht magst, Großmutter?« Am nächsten hattest du auszusetzen, dass es dort keinen Baum und keinen Strauch gab. Dann mochtest du ein Dorf nicht, weil es dir zu düster war und das nächste war zu ungepflegt. Wir schätzten die Gegend um den Berg Ida, durch die wir fuhren, um ein Dorf zu finden, das deinen Vorstellungen entsprach. Gegen Abend hatte uns Hoffnungslosigkeit ergriffen, als ich entschied, mit dem Wagen in einen Feldweg einzubiegen. Erinnerst du dich, Großmutter, wie sich mein Vater aufgeregt hat? Unser Auto war nämlich noch ganz neu und als Steine von unten an den Wagen schlugen, verfluchte er mich. Du hast mir nur ganz fest die Hand gedrückt. Du hast die Augen zugekniffen und lange, ganz lange die Luft geschnuppert. Am Ende dieses Weges gelangten wir zu zwei Hügeln, die aneinander lehnten. Zwischen ihnen ergoss sich ein plätschernder Fluss. Auf beiden Seiten des Flusses standen kleine Häuser aus Stein. Der Platz in der Mitte des Dorfes wurde von einer riesengroßen Platane überragt. Und dann hast du den Wagen bei der Platane anhalten lassen. Du hast dir diesen Flecken Erde, der an ein Dorf aus einem Traum erinnerte, betrachtet und »Das ist es!«, gesagt und, »Ihr könnt jetzt zurückfahren.« Vater und Mutter gerieten außer sich: »Das ist doch viel zu abgelegen. Hier komm ja kaum jemand vorbei. Es ist viel zu weit für uns, wie sollen wir da herkommen?« Und sie hatten noch viele weitere Einwände. Du sagtest: »Es ist nicht entlegen und wenn niemand vorbeikommt, ist es auch gut.« Das war alles, was du dazu bemerkt hast. Da versuchten sie dich einzuschüchtern: »Hier gibt es Krankheiten, Diebe, Schnee, einen strengen Winter.« Ach Großmutter, was war das für eine komische Situation: Du in deiner Beharrlichkeit und meine Eltern so hilflos. Sie brachten tausend Argumente vor, doch du hast unglaublich eigensinnig an deinem Entschluss festgehalten: »Ich halte viel aus und fürchte mich nicht vor jeder Kleinigkeit.« Du hast darauf bestanden, dass dies der richtige Ort ist. So blieb ihnen nichts anderes übrig, als mit dem Ortsvorsteher zu sprechen und das schon lange leerstehende Haus des Predigers für dich zu mieten. Innerhalb weniger Wochen brachten sie dich mit deinen Sachen in das Dorf und nach tausend Ermahnungen kehrten sie in die Stadt zurück.

Großmutter, ich bin jedes Jahr in den Ferien zu dir gekommen. Ich habe deine ruhige, leise Art, deine Geheimnisse gesucht. Während du meine Hand hieltst, bin ich jeden Sommer ein Stück gewachsen. Gemeinsam legten wir im Garten Saubohnen aus. Aus runden Steinen bauten wir einen Weg vor unserer Tür. Wir streichelten die Ziegen, gaben den Katzen Milch und verständigten uns mit einem Augenzwinkern.

Heute möchte ich in deiner Welt das Alleinsein lernen. Das Alleinsein, das Leben ohne Menschen. Denn ich würde nicht noch einmal einen solchen Trennungsschmerz, wie er mich heute erfüllt, aushalten können. Wenn du doch nur Worte hättest, die du mir sagen könntest. Wenn du doch wie früher Ratschläge erteilen würdest: »Mein Sohn, die Welt ist klein. Wenn du auf ihr heimisch werden willst, musst du dir deinen Weg suchen wie das Wasser. Du musst unauffällig über Steine und durch Gestrüpp rinnen können. Wenn du die Felsen liebst, dann halte dich an den Bäumen fest. Was hat in dieser Welt der Mensch dem Menschen Gutes getan - du musst dich auf dich selbst zurückziehen.« Wenn ich den Kopf heben würde und mich meines Schmerzes schämte. Wenn wir gemeinsam zu der großen Platane gingen und dort unten am Stamm eine Kerze anzündeten - so wie du es immer gemacht hast.

Ich weiß, Großmutter, dass ich nun an der Reihe bin und fürchte mich davor, dass du mich vergisst. Oder will ich etwa vergessen werden? Nach meinen Erlebnissen, meinem Leiden und nach meinen Erinnerungen, die jeden Winkel meines Geistes mit ihren Krallen durchwühlen und aushöhlen, möchte ich mich von dieser Vorstellung, die in meine Träume eindringt, befreien. Ich möchte morgens als ein Mensch aufwachen, der von allen Bekümmernissen und Bedrückungen befreit ist und so mein Leben fortsetzen. Doch du, Großmutter, scheinst eine tiefe Grube auszuheben, in die du deine Erinnerungen eingräbst. Du säuberst dein Gedächtnis. Beginnend mit dem Heute, gehst du zurück und schaust dir jede einzelne deiner Erinnerungen prüfend an. Dann wirfst du sie in den Fluss am Fuß der Platane. Je mehr du vergisst, förderst du frische Erinnerungen ans Licht, die schon lange nicht mehr bearbeitet wurden. Du berichtest manchmal in allen Einzelheiten über Vorfälle aus deiner Jugend, erzählst ganz unmögliche Geschichten aus deiner Kindheit. Und später vergisst du auch diese. Wir tanzen beide auf dem Bogen, der sich über den Lauf der Zeit spannt – ich am Anfang, du am Ende.

Seit zwei Tagen hat sich eine Last auf mein Herz gelegt, wie ich sie noch nie verspürt habe. Und seit zwei Tagen machst du den Mund nicht auf und sagst kein einziges Wort. Du sitzt da und wickelst nur immerzu einen roten und einen weißen Faden umeinander. In deinen Augen spiegeln sich nur die Wolken über dem Berg Ida. In unserem kleinen Tal ist kein Ton zu hören. Überhaupt kein Laut. Dabei ist doch die Stille der Lärm, der taub macht. Sie zu ertragen ist eine schwere Bürde. Wenn du doch nur ein Wort sagen würdest, nur ein Wort. Wie heißt du, Großmutter? Soll ich dir Käse bringen? Komm, lass uns zur großen Platane gehen. Erinnerst du dich an den Tag, an dem du mich zum ersten Mal zur Schule brachtest? So hast du mich an die Hand genommen. Ich nehme jetzt deine Hand. Deine Finger liegen regungslos in meiner Handfläche. Du antwortest nicht. Wenn du willst, darfst du mich auch anschreien, doch erzähle von dem Lehrer in deiner Grundschule, sprich über Hamide und ihre Familie, über Ayşe und Tante Nahide. Erkläre mir, wie das halbreife Obst gegessen wird und wie man Tarhana macht. Beklage dich über den Staub auf den Teppichen und den Sprung in der Scheibe. Bitte mich doch um Milch, um Brot oder um sonst etwas. Ich stelle auch gar keine Bedingungen mehr, sage einfach ein Wort, ganz wie du willst. Irgendein Wort, das es auf dieser Welt gibt!

Seit einiger Zeit kann ich nicht einschlafen. Ich warte darauf, dass du dich bewegst, warte auf ein Wort aus deinem Mund. Ich warte auf ein Licht, das uns Heilung bringt. Du schaust nur immer in die Berge und windest einen Faden um den anderen. Wir leben jetzt beide in der gleichen Zeit, in einem Augenblick, der nie enden wird. Deine Vergangenheit und meine Zukunft innerhalb eines gedehnten, kurzen Zeitabschnitts. Ich stehe unter deinem Schutz, bin dir aufs Engste verbunden. Mir scheint, wenn ich weggehe, wird alles mit einem Mal zu Ende sein. Du windest die beiden Fäden unablässig einen um den anderen – der rote Faden, bin das ich? Bist du der weiße? Wir beide sind jetzt so miteinander verwoben. Wenn dies das Ende bedeutet, dann gelange ich zu diesem Ende.

Während ich mich schon auf den schmerzlich empfundenen Mangel einstelle, öffnet sich dein Mund einen Spalt breit und ein Wort dringt heraus: »Pes ...« Ich springe auf: »Was hast du gesagt, Großmutter? Sag es mir, ich bitte dich, sag es noch einmal.« Da höre ich von dir: »Pesar ..., Pesarê.« Ich lasse alle Hoffnung fahren und sinke auf meinem Platz zusammen. Ein Wort ohne Bedeutung: Das zufällige Zusammentreffen einiger Silben aus einem verwirrten Geist. Dennoch geben mir diese Silben Kraft. Ich mache mich daran, eine gute Suppe zu kochen. Mit dem Löffel flöße ich sie dir ein. Wir sitzen nebeneinander. Die Abenddämmerung legt sich über uns. Später erhebst du dich und gehst weg. Aufgeregt eile ich dir hinterher. Du gehst am Fluss entlang, sagst »Dızgun Bava« und drückst deine Stirn an einen Felsbrocken. Du streichelst meine Wange, blickst mir tief in die Augen, wendest den Kopf zum Himmel und sagst in klagenden Ton: »Ya Xizir, Xiziro kal! Ti ya ke suyarî yê, Astorê Qirîya, ti ya ke Xizirê saata tenga ya, Her ca de, her tım hazır û nazır a, Birese îmdadê ma!«

Du sprichst in einer Sprache, die ich nicht verstehe, Großmutter. Eine Sprache, die ich nie zuvor gehört habe. Schau nur, vor Angst sind mir Tränen in die Augen getreten. Kraftlos versagen mir fast die Beine. Was soll ich nur machen? Wen kann ich dazu befragen? Hat sich hier ein Wunder ereignet? Ist der Teufel in dich gefahren? Was passiert hier? Eine Wiedergeburt, ein früher Tod? Tausend seltsame Ideen beherrschen meine Gedanken. Mit ihnen komme ich nicht zurecht. Ich fasse dich an den Schultern und du lehnst deinen Kopf an meine Brust. Ich spüre deine kurzen, kleinen Atemzüge und passe mich mit meinem Atemrhythmus an. Kurzatmig gehen wir beide auf das Haus zu, das uns beide verbindet. Du stützt dich auf mich und ich mich auf dich. Wie ein roter und ein weißer Faden. Wir betreten unser Haus. Nachdem ich mich wieder etwas erholt habe, schreibe ich auf ein Blatt Papier, was mir von deinen Worten noch in Erinnerung ist. Großmutter, ich weiß nicht warum, doch ich frage niemanden dazu. Nicht einmal Vater und Mutter erzähle ich davon. Ich weiß, dass diese Worte ein Geheimnis enthalten. Ob ich wohl zu diesem Geheimnis vordringen kann? Willst du mir nicht das Geheimnis in einer Sprache und mit Worten, die ich verstehen kann, zuflüstern?

In den Fängen eines tiefen, dunklen Schlafs wälze ich mich bis zum Morgengrauen herum. Morgens wache ich auf und sehe, dass du schon längst aufgestanden bist und dich angekleidet hast. Noch dazu hast du dein schönstes Kleid, das rote, mit kleinen Blumen bedruckte Flanellkleid, angezogen. Du hast dir die Haare, um die du dich lange nicht gekümmert hast, an beiden Seiten zu Zöpfen geflochten und dir ein leichtes Kopftuch umgebunden. Auf dem Herd hast du schon Tee aufgesetzt. Ich springe aus dem Bett. »Großmutter«, rufe ich, »wieso bist du denn schon aufgestanden, wie konntest du dich denn schon anziehen, ohne mich zu rufen? Halte ein! Streng dich nicht an. Ich mache das schon!« Da lächelst du mich nur an, zuckst mit der Schulter wie ein kleines Mädchen. Auch ich lache und zucke in der gleichen Art mit der Schulter. Dann gehst du zum Herd und setzt dich daneben auf den Boden. Auf deinem Platz beginnst du zu schaukeln – einmal vor und einmal zurück. Mit dem Eingangsreim eines Märchens auf den Lippen: »Pepû ... Kekû ... Kam kerd? Mi kerd ... Kam kişt? Mi kişt ... Ax! Ax! Ax!« So singst du. Ohne Pause, immerzu. »So schweig doch, Großmutter!«, fordere ich sie auf. »Komm mit zur Platane, wir wollen eine Kerze anzünden«, locke ich sie. Ich will deine Aufmerksamkeit in eine andere Richtung lenken. Aber du hörst nicht auf, mit einem Lächeln auf den Lippen immer die gleichen Worte zu singen: »Pepû ... Kekû ... Kam kerd? Mi kerd ... Kam kişt? Mi kişt ... Ax! Ax! Ax!« Am Ende setzte ich mich neben dich, genauso wie du dasitzt. Und wir beginnen gemeinsam zu singen: »Pepû ... Kekû ... Kam kerd? Mi kerd ... Kam kişt? Mi kişt ... Ax! Ax! Ax!«

Ich weiß nicht wie lange wir so zusammengesessen haben. Nach einiger Zeit bist du verstummt. Auch ich schwieg. Alles um uns herum war in der Stille versunken. Ich hob dich vom Boden auf und setzte dich auf die Polsterbank beim Fenster. Du lehntest dich wieder an den Fensterrahmen, bliebst in dieser Haltung sitzen.

Dann, eines Tages, habe ich einen Entschluss gefasst. Ich vertraute dich den Nachbarn an, schrieb die Worte, die du gesungen hast, sauber auf und fuhr in die Stadt. Ich schlenderte unentschlossen durch die Gassen mit den Läden in der Altstadt herum, dann fand ich eine erste Spur auf dem Ladenschild an der schmutzigen, gelben Wand eines kleinen Lädchens. Darauf war ein geheimnisvoller Berg mit felsigem Gipfel abgebildet. Unter dem Bild stand in krakeliger Schrift »Dızgun Bava«. Ich habe mich an diese Spur geheftet und sie führte mich auf den Grund eines Brunnens.

Tatsächlich bist du ein fremdes Kind, dem Land des Kuckucks entrissen. Und du bist das bedauernswerte Opfer eines großen Unglücks. In diesem Dörfchen hast du dich in deine Heimat zurückgeträumt, hast deine Stirn an diesen Felsbrocken, genannt »Dızgun Bava«, gedrückt. Von mir verlangtest du »Pesarê«, fettbestrichenes Brot. Hızır hast du zur Hilfe gerufen, doch ich habe das nicht verstanden. Gemeinsam haben wir das Lied des Kuckuck gesungen: »Pepuu ... Kekuu ... Wer hat's getan? Ich hab's getan ... Wer hat ihn getötet? Ich habe ihn getötet ... Wer hat ihn gewaschen? Ich hab' ihn gewaschen. Ach! Ach! Ach!«

Vielleicht waren die Kerzen unter der großen Platane Klagelieder, die du für deine Mutter, deinen Vater, deine Onkel und für deine Tanten angestimmt hast. Vielleicht hast du mit den roten und weißen Fäden aus einem alten Teppich, die du immer wieder miteinander verdreht hast, für die Heilung von einer Krankheit gebetet. Hast du gebetet, um dich zu erinnern, oder um zu vergessen? Hätte ich das gewusst, hätte ich dir die allerschönsten, die glänzendsten Seidenfäden besorgt, Großmutter! Wir beide wären uns entgegen gekommen, hätten zur Linderung unserer Leiden unsere Seelen mit dem Wasser dieses Berges benetzt und gemeinsam gebetet. Doch ich habe zu dir über alles Mögliche gesprochen: Von Liebe, Leid und Schicksal, ich wurde verlassen, blieb allein – ach, welcher Kummer! Nun schäme ich mich vor mir selbst. Ich schäme mich, weil ich dir von meinem Leid, meinen Schmerzen erzählte – sie waren so gering, dass sie kaum den Kern einer Feige füllen würden. Auch für meine Leidenschaft schäme ich mich. Deine große Schweigsamkeit lastet nun auf meinen Schultern.

Sabiha ist nicht dein richtiger Name? Nicht wahr, Großmutter? Wer hat dir diesen Namen gegeben? Einer von den Kommandanten, die das Massaker verübten? Oder war es der Standesbeamte? Gab ihn dir der Offizier, der dich von Dersim nach Çanakkale gebracht hat, um dich aufzupäppeln? Sabiha ... Dieser Name ist nicht dein richtiger, nicht wahr? Er ist falsch.

Großmutter, nachdem du Schicht um Schicht dein Gedächtnis freigelegt hast ist diese Sprache hervorgetreten, die jetzt auch meine Sprache ist. Ich sammle alle jene Erinnerungen auf, die du in den Fluss geworfen hast. Was du nicht weißt, was an dir nicht falsch ist und die schwersten Krankheiten wurden nun Teil auch meiner eigenen, unvergesslichen Vergangenheit. Auch ich bin jetzt ein Opfer dieses Massakers – wen ich dafür auf welche Weise zur Verantwortung ziehen kann, weiß ich nicht. Deine Angst, die dich dein ganzes Leben schweigen ließ, habe ich übernommen. Ich bin Zeuge deiner falschen Identität, teile die Geheimnisse der verborgenen Welt mit dir: »Ya Xizir, Birese îmdadê ma! – Ach Hızır! Eile mir zu Hilfe!«

Auf der Veranda, deren Bodenplatten wir gemeinsam verlegt haben, sitze ich unter der Pergola. Nebenan glimmt noch die Kohle. Ein sanfter Wind streicht über dein Gesicht. Deine Augen zeigen einen erregten Ausdruck beim Versuch nicht näher bestimmtes Wissen festzuhalten. Ich setze mich dir zu Füßen, kuschele mich an deine Beine. Die tausend Fragen, die mir durch den Kopf gehen, stelle ich nicht. Die alltäglichen, die gewöhnlichen Wörter sind so bedeutungslos, dass ich nicht ein einziges von ihnen an dich richten kann. In unserem kleinen Tal hallen die matten Stimmen unserer Vermissten wider. Mich schaudert. Gegen Abend nehme ich allen Mut zusammen, nehme deine Hände und frage dich noch einmal: »Sage mir, Großmutter, wie ist dein Name?« Du wendest mir das Gesicht zu, zeigst mir dein reinstes Lächeln und murmelst: »Nameyê mi Xece.«

Die Gefangene

Meinen Mut habe ich in den Augen meines Vaters verloren.

*

Es war der erste Besuchstag im Gefängnis. Unsere Herzen trugen die Spuren der Folter, unsere Körper frische Kleidung. Es war das erste Mal in einer Kette atemloser Erregungszustände. Worte der Liebe lagen uns auf der Zunge, die wir nicht aussprechen konnten: »Vater, mein ganzes Dasein sei dir gewidmet.«

Du hast mir Märchen erzählt, während ich schlief - den Kopf an deine Wange gelehnt. Deine Hände rochen nach Stahl, über uns flimmerte das Licht und im Ofen prasselte das Feuer. Du sprachst leise murmelnd:

Es gab einmal sehr weit von uns entfernt ein Land, in dem die Sonne nie unterging. Darin flossen viele sprudelnde, plätschernde Bäche und Flüsse, es wuchsen viele verschiedene Bäume darin und überall blühten bunte Blumen. Die Bäume warfen die Blätter nicht ab und die Blumen dort welkten niemals. Das Wasser rann in feinen Strömen die Hänge der Berge herunter. Auf ihrem weiteren Weg vereinigten sich die schmalen Bäche und wurden zu großen Flüssen, die sich in das blaue Meer ergossen.

Ich schloss meine Augen und dachte über jedes deiner Worte nach. Ich träumte davon, wie die Sonne heiß am Himmel lachte, wie die Bäume kokett mit den Zweigen winkten und stellte mir vor, welche Farben die vielen Blumen wohl hatten. Und wenn du das Meer erwähntest, dachte ich an die schneeweißen Schaumkronen auf den Wellen und an die grünen Algen. In meiner Fantasie erweckte ich die vielen verschiedenen Fische zum Leben, die sich zwischen den Algen tummelten.

In diesem schönen Land lebte eine überaus glückliche Familie. Vater und Mutter liebten einander sehr. Sie waren nicht gerade reich, doch sehr fleißig. Wenn sie eine schwierige Situation zu bewältigen hatten, hielten sie fest zusammen. So überwanden sie alle Beschwernisse.

Ich sehe, dass du das Eisen schmiedest, Vater. Du hast dir wieder die dunkelblaue Schürze umgebunden. Durch die Hitze des Feuers sind deine Hände ganz schwarz geworden. Vor dir liegt eine riesengroße Eisenplatte, in der Hand hältst du einen schweren Hammer. Immer wieder hebt und senkt sich dein Arm. Ich kann sogar die Hammerschläge hören: Tak, tak, tak, tak ... von deiner Stirn, deinem Hals tropft Schweiß, ab und zu streichst du mit der Zunge über deinen Schnauzbart. Hast du Durst? Die Augen hast du starr auf das Eisen gerichtet, denn die Arbeit muss schnell fertig werden. Lieferst du sie später ab, dann bekommst du auch dein Geld später. Und so schlägst du auf das Eisen, tak, tak, tak, tak ... auch Mutter ist dort, ich sehe auch sie. Sie ist müde vom Unterrichten der Kinder und kommt gerade aus der Schule zurück. An ihren Fingern hat sie noch den Staub der Tafelkreide. Sie ist hereingekommen und hat dir einen Kuss auf die rußigen, verschwitzten Wangen gegeben.

Die Frau und der Mann, die sich so sehr liebten, hatten auch ein allerliebstes Kind. Es war ein Mädchen mit großen schwarzen Augen, wusche-

ligen Haaren und kirschroten Lippen. Sie hatte etwa deine Größe. Das Mädchen war zwar ganz lieb, aber ein wenig war es auch ungezogen. Während sein Vater das Eisen schmiedete und die Mutter in der Schule unterrichtete, machte es sich selbständig und entfernte sich von zu Hause. Sein Vater hatte das Mädchen bereits einige Male mit diesen Worten gewarnt: »Meine Tochter, bitte laufe nicht weg, du verirrst dich, auf der Welt geschehen so viele Dinge, nachher passiert dir noch etwas.« Doch das kleine Mädchen konnte sich nicht vorstellen, was alles auf der Welt vorging. Deshalb ergriff sie jede Gelegenheit, sich von zu Hause zu entfernen und es wurde ihr zur Gewohnheit, in den Bergen und Wäldern umherzustreifen und mit den bunten Blumen zu spielen. Doch dann eines Tages ...

Ach lieber Vater, wie sehr fürchtete ich mich damals, das kann ich gar nicht beschreiben. Als du diese Worte aussprachst, wusste ich, dass die Handlung nicht ihren gewohnten Fortgang nehmen würde. Da habe ich mich ganz nah an dich herangekuschelt. Mit meinen winzigen Fingern habe ich deine von der Schmiedearbeit ermüdeten Hände festgehalten. Ich hielt den Atem an und riss vor lauter Sorge um das Mädchen im Märchen die Augen weit auf. Das Herz schlug mir bis zum Hals und ich wartete auf die Worte, die von deinen Lippen kamen. Du hast gar nicht bemerkt, in welchen Zustand du mich mit der Geschichte versetzt hattest, sondern hast einfach langsam weiter erzählt.

Eines Tages war das kleine Mädchen wieder einmal ohne jemandem etwas zu sagen von zu Hau-

se weggelaufen. Zunächst wandte sie sich den Narzissen zu und als sie ein paar Gänseblümchen pflückte, stachen ihr die Bartnelken in die Augen. Als sie wie eine Honigbiene von einer Blume zur anderen hüpfte, entfernte sie sich immer weiter von zu Hause. Dann sah sie, als sie noch etwas weiter ging, im Schatten der Tannenbäume die Rührmichnichtan-Blümchen. Die Rührmichnichtan waren ganz seltsame, in allen Farben des Regenbogens schillernde Blumen mit goldglänzenden Blättern ...

An dieser Stelle hielt ich es nicht länger aus. Vielleicht, weil ich meine aufkommenden Gefühle ein wenig hinauszuzögern hoffte, fragte ich: »War es denn verboten, diese Blumen zu pflücken?« Doch deine Antwort führte mich nur noch näher an das unvermeidliche Ende des Märchens heran:

»Natürlich, ist das verboten! Deshalb heißen die Blumen ja ›Rührmichnichtan‹.«

Dann hagelte es weitere Fragen von mir. Hatte das kleine Mädchen denn eine von diesen Blumen gepflückt?

»Sicher hat sie eine gepflückt. Sie hat die Blüte vom Zweig abgerissen.«

Hat sie nur eine abgebrochen?

»Aber nein, sie hat eine ganze Menge gepflückt.«

Warum hat sie das denn getan?

»Weil sie dem Reiz der Blumen nicht widerstehen konnte. Und sie wollte alle Rührmichnichtan, die sie sah, für sich alleine haben.«

Und hatte sie sich dabei sehr weit von zu Hause entfernt?

»Sie war so weit gelaufen, dass sie den Rückweg nicht mehr finden konnte.«

Vater, dein Märchen berührte mich im Innersten. Ich weiß nicht, ob du dies bemerkt hast? Ich war dem kleinen Mädchen richtig böse. Ich wollte, dass sie sofort nach Hause zurückkehren und von diesen dummen Blumen ablassen sollte.

Nach einiger Zeit begriff das Mädchen, dass sie sich verlaufen hatte. Sie versuchte zurückzugehen, doch der riesige Blumenstrauß in ihren Armen war so groß, dass sie nicht nach vorne schauen konnte. Sie glaubte nach Hause zu gehen, doch schlug sie einen ganz falschen Weg ein und begann, sich einem Landstrich zu nähern, der ihr völlig unbekannt war. Dann passierte etwas Ungewöhnliches. Da sie bisher in einem Land lebte, in dem immer die Sonne schien und in dem es ihr noch nie kalt gewesen war, begann sie jetzt zu frieren, weil die Sonne unterging. Kühle Winde strichen ihr über das Gesicht, über Arme und Beine. Schließlich warf das Mädchen die Blumen weg und begann schnell zu laufen. Doch das alles nützte ihr nichts, denn sie entfernte sich immer weiter von zu Hause.

Ach Vater, jagst du mir nun noch mehr Angst ein, damit ich mich noch enger an dich herandrücke? Damit ich mich dir noch tiefer verbunden fühle? Aber du weißt doch, wann immer du möchtest, umarme ich dich. Du brauchst nur meinen Namen zu sagen und schon schlafe ich an deine Wange gelehnt ein.

Das kleine Mädchen ist also immer tiefer in das fremde Land hineingelaufen, in dem keine Son-

ne schien. Die Blätter der Bäume verwandelten sich dort langsam in starres Holz und die schöne rote Erde wurde zu schwarzem Schlamm.

Ja und die Blumen? Was ist aus den Blumen geworden?

Sie waren alle verschwunden, nicht eine Blüte der Rührmichnichtan war zu sehen. Die flauschigen, weißen Häschen, die reizenden Schmetterlinge - von ihnen war nichts zu sehen. Schon bald war es dem kleinen Mädchen klar, dass sie sich in einem anderen Land befand. Das war eine Gegend, in der keine Sonne schien. Hier war es finster, kalt und furchteinflößend ... Dies hier war das »Land der Dunkelheit!« Eine Weile rief sie nach Hilfe, doch niemand hörte sie. Die Luft wurde immer kälter, der Wind immer stärker. Schließlich begann das kleine Mädchen vor Angst und Kälte zu zittern.

Schau nur Vater, meine Hände und Füße sind kalt wie Eis. Und tatsächlich war es kalt geworden im Haus. Und wie dunkel es hier war! Wie wäre es, wollen wir nicht ein wenig Holz in den Ofen nachlegen? Aber wir hatten keine Lust aufzustehen. Deshalb habe ich mich fest in die Bettdecke eingewickelt. Meine Füße hatte ich an deine Beine gepresst. Und mit den Armen hielt ich mich an deinen Armen fest. Doch wie würde es weitergehen? Was passierte dann?

Das kleine Mädchen tat noch ein paar Schritte und spürte dann plötzlich große Schmerzen an ihrem Fuß. Sie schaute nach und stellte fest, dass ihr Fuß in einer riesigen Falle steckte. Es war bekannt, dass in dem Land der Dunkelheit die Jäger überall Fallen aufgestellt hatten, um Fremde zu fangen. Etwa zur gleichen Zeit bemerkten der Vater und die Mutter des kleinen Mädchens am anderen Ende des Landes, dass ihre Tochter verschwunden war. Sie liefen hinaus auf die Straße und fragten jeden, Nachbarn, Bekannte und Unbekannte nach dem Mädchen. Doch niemand hatte das Kind gesehen. Seine Mutter weinte und sein Vater fand keine Worte des Trostes. Ihm wurde schwarz vor den Augen, denn er liebte sein Mädchen aus tiefstem Herzen. Er dachte bei sich: »Wenn ihr etwas passiert ist, werde ich die ganze Welt in Brand setzen.« Die Mutter des Mädchens, der die Tränen in Strömen aus den Augen flossen, dachte sich: »Ohne mein Kind ist es mir verwehrt, weiterzuleben.« Am Ende fassten sie einen Entschluss: Der Mann steckte sich das schärfste, das größte Schwert, das er je geschmiedet hatte, in den Gürtel. Die Frau packte eine riesige Laterne. Als die Nachbarn dies sahen, wussten sie, dass die verzweifelten Eltern in das Land der Finsternis aufbrechen wollten. Sie baten sie, nicht dorthin zu gehen, denn niemand kehrte lebend von dort zurück. Doch die beiden hörten nicht auf diese Warnung und machten sich ohne sich noch einmal umzusehen auf den Weg. Sie kamen an den Narzissen, den Gänseblümchen und den Bartnelken vorbei. Sie fanden auch die Rührmichnichtan im Schatten der Tannenbäume und gingen weiter, bis sie zum Land der Finsternis gelangten. An der Grenze blieben die beiden einen Augenblick stehen und schauten einander an. Immerhin könnte es ja sein, dass sie nicht von dort zurückkommen würden. Doch in den Augen der Eltern zeigte sich nicht der geringste Zweifel. Sie hielten sich an der Hand und gingen in das Land der Finsternis hinein. Sie stellten fest, dass es größer war, als sie sich vorgestellt hatten. Sie wendeten sich in alle Himmelsrichtungen - nach Norden, nach Süden, nach Osten und nach Westen. So setzten sie ihren Weg stundenlang fort. Vor Kälte erstarrten sie fast zu Eis und sie waren todmüde ...

Die beiden hätten das Mädchen längst finden müssen. Ich hebe den Kopf und schaue dir in die Augen, Vater. Finde mich ... Finde mich ... Finde mich ...

... doch sie gaben die Suche nach ihrem Kind nicht auf. Da blitzte mit einem Mal in den Augen der Mutter ein Licht auf. Sie hatte ein wenig weiter vorn am Beginn eines Pfades eine Rührmichnichtan-Blüte liegen sehen. Darauf liefen beide Eltern sofort zu dieser Stelle hin. Da im Land der Finsternis keine Blumen wuchsen, vermuteten sie, die Blüte könnte ihrer Tochter heruntergefallen sein. Voller Hoffnung schritten sie auf dem schmalen Weg voran, den ihnen die Blume gewiesen hatte. Schon nach kurzer Zeit drang ein leises Klagen an ihre Ohren, ein undeutliches, leises Weinen. Mit schnellen Schritten gingen sie auf diese Stelle zu. Und was sahen sie: Dort saß ihre Tochter, schlammverschmiert und verwirrt - sie war kurz davor in Ohnmacht zu fallen. Sie liefen so-

fort zu ihr hin und sahen, dass ihr Fuß in einer riesigen Wolfsfalle steckte und sie sich nicht bewegen konnte. Und in diesem Augenblick zog der Mann sein Schwert. Die Mutter hielt den Atem an und der Vater zerschlug mit einem geschickten Streich die Falle in zwei Teile, wobei dem Mädchen kein Haar gekrümmt wurde.

Das kleine Mädchen war also gerettet. Und so hast du auch mich gerettet, Vater. Was dann später passierte, kann ich dir sagen. Vater, Mutter und Kind umarmten sich glücklich, nicht wahr? So ... genau so, wie ich dich jetzt umarme. Dann verließen sie schnell das Land der Dunkelheit. Sie stützten sich einer auf den anderen, so erreichten sie ihr Zuhause. Die Mutter kochte einen Kräutersud, der helfen sollte, dass es dem Fuß des Mädchens bald besser ging. Der Vater nahm seine Arbeit wieder auf und machte sich daran, wieder große Schwerter zu schmieden. Und das kleine Mädchen versprach ihren Eltern, sich niemals mehr zu weit von zu Hause zu entfernen und die Eltern zu verlassen.

*

In der Gemeinschaftszelle sprach keiner ein Wort. Alle standen unter einer unausgesprochenen Spannung. Wir bereiteten uns lautlos auf die Besuchszeit vor. Damit sich unsere Lieben nicht grämen, werden wir unser natürlichstes Lächeln auf den Lippen tragen. Wir werden uns nach dem Befinden der Besucher erkundigen und reizende Geschichten erzählen. Uns gehen lügnerische und falsche Wörter durch den Kopf. Es gibt keinen Spiegel. Dass wir ordentlich aussehen, zeigen uns die Blicke der anderen. Unsere Hemden haben wir unter die Matratze gelegt, um sie glatt zu bügeln, denn wir haben kein Bügeleisen. Aufgeplatzte Nähte und Risse haben wir mit Uhu zusammengeklebt, denn wir haben keine Nähnadeln. Gott sei Dank, es ist kein offener Besuch, bei dem wir uns umarmen könnten. Denn da wir seit Tagen kein Wasser haben, stinken wir wie die Pest.

Jetzt hören wir Stimmen an der Tür. Unser Herz schlägt schneller. Der riesige Schlüssel dreht sich im Schloss und die Eisentür öffnet sich unter lautem Quietschen. Die Soldaten rufen unsere Namen auf: »Du hast einen Besucher!« Wir blicken einander nicht an, ohne ein Wort gehen wir auf die Tür zu. Sie führen uns in das Wartezimmer. Es ist eine völlig leere, fensterlose Zelle. Dort stehen wir herum und schauen die Wände an.

Mein Fuß schmerzt, mein Knöchel. Es ist genau die Stelle, an der mich die Wolfsfalle eingeklemmt hatte. Ein tiefer Schmerz. Er berührt mein Herz und mir schlafen die Fingerspitzen ein. Deshalb, wegen dieses Schmerzes, so denke ich mir, bekomme ich die Sätze nicht zusammen, die ich dir sagen will. Ich kann sie nicht in eine Reihenfolge bringen. Ich versuche, den Schmerz zu vergessen und stelle mir das Gespräch vor, das ich mit dir führen werde:

»*Wie geht es dir, meine Tochter?*«
»*Mir geht es gut, Vater. Und wie geht es dir?*«
»*Danke, mir geht es auch gut.*«
»*Haben sie dich sehr gequält? Haben sie dir etwas Schlimmes angetan?*«
»*Nein, Vater. Mache dir keine Sorgen. Sie wollten gar nichts von mir wissen, denn sie waren schon über alles informiert. Deshalb haben sie mir nichts angetan.*«

»Wie steht es um deine Gesundheit? Isst du denn ordentlich?«

»Und ob ich esse, du würdest es nicht glauben, wenn du sehen könntest, was ich esse. Schau nur, ich habe schon einen dicken Bauch. Mir geht es sehr gut. Ich habe hier auch Freunde. Wir haben viel Spaß - es sind gute Menschen. Außerhalb des Gefängnisses hätte ich sie nie kennengelernt. Ich habe hier sehr zuverlässige Freunde gefunden.«

»Schön, dass du dich gut mit deinen Freunden verstehst, ist natürlich prima. Hast du Bücher? Darfst du lesen?«

»Ja, ich habe ein paar Bücher.«

»Aber die reichen doch nicht. Wie soll da die Zeit vergehen? Ich bringe dir noch einige Bücher.«

»Nein, bringe jetzt bitte keine, denn man gibt sie uns nicht weiter. Vielleicht später, wenn sich die Bedingungen geändert haben.«

»Warum erlauben sie denn keine Bücher? Es sind doch nur Romane oder Märchen?«

»Nein, Vater. Sie lassen überhaupt keine Bücher durch.«

»Du hast dir ja die Haare kürzer geschnitten.«

»Ja, ich habe sie ein wenig gekürzt. Das ist hier angenehmer, bequemer. Steht es mir nicht?«

»Doch die kurzen Haare stehen dir. Du siehst schön aus.«

»Vater, du schämst dich doch nicht wegen mir? Nicht wahr?«

»Warum sollte ich mich deiner schämen, du hast doch niemandem einen Schaden zugefügt?

Schämen sollten sich jene, die sich vor einem so kleinen Mädchen fürchten und dich hier einsperren!«
»Vater, du bist ein Held! Ja, so ist er eben, mein Vater ...«
Die Anspannung in meiner Brust lässt nach. Wir halten uns an den Gitterstäben fest und lächeln einander an.

*

Irgendwie will in dieser Zelle die Zeit nicht vergehen. Wir singen Lieder, um die Zeit totzuschlagen. Wir gehen auf und ab, ohne aneinander zu stoßen. Wir frieren – Unsere Hände und Füße sind eiskalt. Um sich ein wenig warm zu machen, beginnt eines der Mädchen einen Volkstanz aufzuführen. Ich kauere mich unten am Boden an die Wand. Der Raum zum Atmen verringert sich zunehmend. Lernt der Mensch auf diese Weise sich geduldig zu verhalten?

Aus dem Nichts steigt in mir ein Verdacht auf. Was wäre denn, wenn die Besuchsstunde abgesagt würde, oder wenn sie wieder »Nein« sagen würden? Wenn unser Wiedersehen auf unbestimmte Zeit verschoben würde? Ich vertreibe diesen Gedanken sofort wieder und erzähle niemandem davon.

Nach langer Zeit, als die Hoffnung schon verflogen war, hört man Schritte an der Tür.

*

Zwischen uns befinden sich zwei Glasscheiben, zwei Eisengitter, zwei Telefone und ein bisschen Luft. Vor mir sitzt meine Mutter. Ich sehe sie von der Hüfte an aufwärts. Wir sprechen über das Telefon miteinander.

Es ist offensichtlich, dass auch sie die Maske eines glücklichen Gesichts aufgesetzt hat. Sie hat ihre Haare gefärbt. Um nicht befremdlich auf mich zu wirken, hat sie kein neues Kleid angezogen, sondern trägt einen Rock, den wir gemeinsam ausgesucht haben. Ich betrachte sie aufmerksam und mir scheint, dass die Falten in ihrem Gesicht tiefer geworden sind, dass der Saum ihrer Lippen müder wirkt. Sie spricht ohne Unterlass, erzählt, was im Stadtviertel passiert ist, wer sein Mitgefühl über meine Lage ausgedrückt hat und wer gute Wünsche ausrichten lässt. Am meisten spricht sie über meinen neugeborenen Neffen – dabei glänzen ihre Augen. »Wenn du ihn nur sehen könntest«, sagt sie, »er hat ganz dralle Händchen und er schaut so aufgeweckt. Ach frage nicht! Es ist, als ob er alles versteht, was du sagst. Mal sehen, was er erzählt, wenn er erst sprechen kann.« Sie drückt ihre Hände an das Glas, als wollte sie mich berühren. Ich betrachte die Linien ihrer Hand. Die Lebenslinie ist lang, jedenfalls kommt es mir so vor. Mich jedenfalls tröstet das für einen Augenblick. Sie hat uns Nutella mitgebracht, in Tuben. »Ich habe für jede in der Gemeinschaftszelle eine Tube gekauft. Ich weiß, dass du wolltest, dass ich für jede Mitgefangene auch eine Tube kaufe, sonst hättest du ja keinen Bissen davon runtergekriegt.« Es tat mir gut, dass wir die Gelegenheit, aufeinander stolz zu sein, nicht verpassten. Sie ist sich bewusst, dass alles, was sie sagt, abgehört wird. Deshalb spricht sie einerseits zu mir, andererseits zu jenen, die unser über Telefon geführtes Gespräch abhören. So sagt sie: »Wir sind sehr stolz auf dich. Deine ganze Schuld besteht darin, dass du dein Land liebst, dass du ein Gewissen hast und dich gegen die Ungerechtigkeit erhebst.« Und mit Nachdruck wiederholt sie: »Wir alle, alle die dich kennen, sind stolz auf dich. Deine Professoren von der Uni haben alle angerufen und ihr Bedauern mitgeteilt. Sie sind sicher, dass du schon bald entlassen wirst. Wenn du freikommst, wollen sie dich als Assistentin einstellen.« Ich empfinde ein Gefühl der Besorgnis und ermahne sie: »Aber Mutter ...« Doch sie schneidet mir aufgeregt das Wort ab. »Nein«, sagt sie, »du wirst schon sehen, du kommst frei. Wir haben mit dem Rechtsanwalt gesprochen und er sagt, dass du bei der ersten Verhandlung vor Gericht aus dem Gefängnis entlassen wirst.« Ich möchte nicht, dass sich meine Familie falsche Hoffnungen macht. »Selbst wenn das so wäre, dann weißt du doch, dass es bis zur Eröffnung des Verfahrens lange dauern kann, vielleicht Monate oder Jahre. Ihre Lippen zittern und sie versucht zu lächeln, als wollte sie sagen: »Du weißt aber auch alles besser.« Ihrer Meinung nach entspannt sie damit die Situation. »Der Mann ist doch ein großer Anwalt, spätestens nach drei Monaten sagte er, wird die Verhandlung eröffnet.« Ich lächle und sie beruhigt sich etwas.

Mir tut wieder der Fußknöchel weh. »Wie geht es meiner Schwester?«, frage ich sie. Und: »Habt ihr schon Kohlen für den Winter gekauft?« Mutter beantwortet beflissen meine Fragen. Offensichtlich liegt ihr viel daran, keine Sekunde unserer kurzen Besuchszeit verstreichen zu lassen, ohne dass wir miteinander sprechen.

Und du Vater, stehst hinter der Mutter. Mir kommt es vor, als sei dein Teint noch brauner geworden! In deinen Augen leuchtet nur ein schwaches Licht und du blickst auf eine Stelle, die man nicht näher bestimmten kann. Vielleicht auf einen lautlosen, menschenleeren

Ort, vielleicht auf das Land der Finsternis. Du weißt nicht wohin mit den Händen, lässt sie nur einfach rechts und links herunterhängen.

An meiner Stelle haben sie auch dich abgeholt, ohne dass ich es wusste. Als du durch die dunklen Kerker geführt wurdest, hast du an mich gedacht. Ein Widerhallen der klagenden Stimmen ... »Lege mal alles, was du bei dir hast hierher!« Darauf hast du die Sachen aus den Taschen genommen: Eine Zigarette, ein gebrauchtes Taschentuch, ein Stück Brot ...

»Und sonst?«, fragten sie. »Nichts«, hast du erwidert. Du hast ihnen unsere Märchen verschwiegen, hast ihnen unsere Blumen nicht herausgegeben und auch nicht unsere Möwen und die Wellen mit den Schaumkronen.

Ich habe noch die Sätze meiner Mutter im Ohr und schaue dich an. Dein Blick schweift in die Ferne, mit der Besorgnis, die du ganz tief in deinem Herzen verbirgst, wartest du darauf, dass die Reihe an dir ist. Je weiter die Zeit verrinnt, desto größer wird meine Ungeduld. Ich warte noch auf ein erstes Wort von dir. Auf das erste Wort, das du mir sagen wirst ...

Die Stimme meiner Mutter holt mich aus meinen Gedanken zurück. »Wie bitte? Was hast du gesagt?«, frage ich sie. »Was soll ich dir meinem nächsten Besuch mitbringen? Was möchtest du?« Ich sage, dass ich nichts brauche. Doch sie beharrt auf ihrer Frage und ich werde ärgerlich. Dann begreift sie es und lässt den Kopf hängen. Sie hat begriffen, dass mein Blick auf den Vater gerichtet ist. Dann tritt sie einen Schritt zurück und reicht ihm den Telefonhörer. Das Herz schlägt mir bis zum Hals. Das erste Wort ... Ein Wort nur ...

Vater, du nimmst den Hörer in die Hand. Mit gesenktem Blick führst du ihn ans Ohr. Ich kann deinen Atem hören, wir beide atmen im gleichen Takt. Unser Atem wird eins. Wenn du mir jetzt ein Märchen erzählen würdest. Ein ganz gewöhnliches Märchen, das du dir nicht mit großer Mühe abringen musst und das auch nicht so ganz wunderbar zu sein braucht. Wenn du damit nur deine Liebe zu mir, nur deinen Ärger, zur Sprache bringst, wenn du mich damit nur anregst und mir das rechte Verhalten zeigst. Ich dagegen, will mich ganz an dich herankuscheln und darauf warten, dass du herbeieilst, um mich aus dem Land der Finsternis zu retten. Wenn du kommst und mich holst, will ich im Gefühl unermesslichen Seelenfriedens in tiefen Schlaf versinken.

Voller Hoffnung versuche ich dir in die Augen zu schauen. Um den Ton jedes einzelnen Buchstabens erfassen zu können, drücke ich den Hörer an mein Ohr bis es schmerzt. Meine Hände schwitzen sehr. Aber Vater, dieses Wort, dieses erste Wort kommt nicht über deine Lippen. Du hast einen Kloß im Hals. Der das Wort mit den drei Silben zurückhält. Du druckst herum und hältst die Tränen zurück. Mir ist, als führe ein Eisennagel durch meine Kehle und durchschnitte sie. Nicht ein Wort, nicht ein Buchstabe, kein Laut ... Du kannst nicht sprechen, du schweigst nur. So schweigen wir beide. Du wirst zum Kind, ich werde erwachsen.

*

Mein Vater konnte an diesem Tag überhaupt nicht sprechen. Er gab den Hörer an meine Mutter zurück. Er trat ein paar Schritte zurück, blickte in das Land der

Finsternis und wartete auf das Ende der Besuchszeit. Er kam auch zur nächsten Sprechzeit, doch wieder konnte er nicht sprechen: Wir wussten keinen Ausweg, blieben beide stumm am Telefon. Wieder gab er den Hörer an meine Mutter weiter und auch diesmal wartete er ein paar Schritte hinter ihr und blickte dabei in das Land der Finsternis. Auch zu späteren Besuchszeiten kam Vater. Er kam immer, doch er sprach nie. Nach einigen Versuchen gab es auf und nahm den Hörer gar nicht mehr in die Hand. Mutter sprach mit mir und er stand hinter ihr und wartete auf mich.

Meinen Mut habe ich in den Augen meines Vaters verloren. Mit seinem Schweigen wurde die Zeit versiegelt.

Die Sängerin

»Lieber Gott, zeige mir dein Gesicht«, bat sie inständig und schaute zur Decke des Studios, wo ihr Blick auf die Dachkonstruktion aus Metallstäben und ein Bündel von Kabeln fiel. Selbst wenn Gott sich ihr einmal zeigen sollte, dann war dies wohl nicht der rechte Zeitpunkt.

Im Studio war unglaublich viel Betrieb. Junge Frauen mit hohen Absätzen eilten mit Stapeln von Papier unterm Arm hierhin und dorthin. Junge Männer gaben Anweisungen über Funk. Überall waren Kabel verlegt. Arev blickte auf den Boden, dort sah sie eine Ameise.

Arev, das war ihr Name. Die Großmutter hatte ihn ihr ins Ohr geflüstert. Arev bedeutete Sonne: Güneş.

»Hüte dich davor, jemandem deinen wahren Namen zu sagen«, hatte die Großmutter sie ermahnt. »Das bleibt unser Geheimnis. Für die Leute sollst du nur Güneş sein.« Seit dieser Zeit bewahrte sie den Namen Arev im Herzen. Kam er ihr in den Sinn, schlug ihr Herz schneller. Gleich würde man sie rufen.

Auf der Bühne hatte ein Zauberkünstler seinen Auftritt. Er trieb sich Nägel in den Körper und schlug sich einen Nagel nach dem anderen in die Hand.

»Au Weh!«, rief der erste Juror. »Das ist ja schrecklich!«

Von den Zuschauern im Studio waren Schreie der Verwunderung zu hören. Unruhig rutschten sie auf ihren Plätzen hin und her. Sogar die Mitarbeiter im

Studio unterbrachen die Arbeit und richteten den Blick auf den Mann auf der Bühne. Jetzt zeigte der Zauberer seine mit Nägeln gespickte Hand herum. Auf dem Gesicht ein zufriedenes Lächeln. Sein Auftritt wurde vom Fernsehen ins ganze Land übertragen. Den Zuschauern vor den Bildschirmen stockte der Atem.

Nachdem sich der Künstler vergewissert hatte, dass er die Aufmerksamkeit aller auf sich gezogen hatte, ballte er langsam die Finger der rechten Hand zur Faust. Dabei mussten ihm die Nägel wohl schreckliche Schmerzen bereiten, die Zuschauer schrien laut auf. Auf dem Bildschirm die nagelgespickte Faust in Großaufnahme. Der Mann lächelte noch immer. Mit einer eleganten Bewegung der linken Hand zog er ein seidenes Taschentuch hervor, bedeckte seine von Nägeln durchlöcherte Faust damit und riss es sofort wieder herunter. Die Nägel waren plötzlich zu einer weißen Taube geworden. Begeistert sprangen die Zuschauer von ihren Plätzen auf.

»Wunderbar!«, rief die zweite Jurorin und schleuderte ihr Haar aus der Stirn. »Großartig!«

»Bravo!«, rief Juror Nummer drei. »Eine unglaubliche Nummer!«

Die Taube drehte eine Runde im Saal und setzte sich danach auf die Schulter des Zauberers. Jetzt grüßten beide mit etwas übertriebenem, angeberischem Gehabe. Das Publikum im Studio klatschte wie verrückt. Die Jury stimmte ab und alle warteten gespannt auf die Entscheidung.

Dreimal »Ja«! Alle Jurymitglieder hatten dem Zauberer ein »Ja« gegeben. Der Mann sprang vor Freude in die Luft. Nun stand fest, dass er am Finale teilnehmen würde. Er rannte von der Bühne, umarmte seine Mutter, die ihn hinter den Kulissen erwartet hatte, und begann wie ein Kind zu weinen. Jetzt war der Zauber gebrochen!

»Fang nur nicht an zu weinen«, hatte die Großmutter immer zu Arev gesagt, als sie noch klein war. »Wir haben in unserm Leben genug geweint. Unsere Tränen sind versiegt. Nicht einmal bei der Beerdigung deines Großvaters habe ich mir eine Träne abringen können. Wenn du einmal weinst, dann soll es um der Liebe willen sein. Weine nur um deinen Geliebten, mein Kleines. Er ist der einzige auf dieser Welt, um den du weinen sollst.« Dann küssten ihre betagten Lippen Arevs Augen.

Ihr Leben lang hatte Arev nach einer Liebe gesucht, um derentwillen sich zu weinen gelohnt hätte. Doch konnte sie keinen Geliebten finden. Vielleicht hätte sie sich verlieben können, wenn sie ihren Namen vergessen hätte. Doch das in ihrem Herzen verschlossene Geheimnis war stärker als alle Gelegenheiten eine Liebe zu finden. Arevs Leben verrann, während sie im Dunkeln nach ihrem Ziel tastete.

Ein Hund bellte. Applaus brandete auf. Auf der Bühne tanzte jetzt ein merkwürdiges Paar. Ein Mann und ein Hund bewegten sich im Tangoschritt. Ein Schritt nach vorn ... drehen ... zwei Schritte zurück. Beugen, den Kopf zurückwerfen und wieder drei Schritt nach vorn ... Wie süß! Mit dem Hut und der Hose, mit messerscharf gebügelter Falte war der Mann wie ein spanischer Tänzer gekleidet. Dem Hund hatte man ein Flamenco-Kleid mit Rüschenrock verpasst.

Als eine andere Musik erklang, zog der Tänzer dem Hund mit einem Schwung das Kleid herunter. Er schob seinen Hut nach vorne, wie Michael Jackson. Sie tanzten zu dem Lied »Billie Jean«. Der Mann bewegte sich im *Moonwalk* und der Hund trippelte rückwärts. Beide drehten im gleichen Augenblick die Köpfe nach rechts und nach links. Jetzt warf der Mann den Hut weg und eine orientalische Melodie erklang. Da wiegten sich beide in einem Bauchtanz.

Als die Musik verstummte, kam Beifall auf. Sie verbeugten sich. Der Mann stellte seinen Hund »Lady« vor. Der erste Juror lobte Lady und ihren Besitzer über die Maßen, fragte nach der Rasse des Hundes. Arev stellte sich vor, wie es wohl wäre, wenn jemand diese Fragen an sie richtete.

Das dritte Mitglied der Jury fand den Auftritt der beiden nicht annähernd »zufriedenstellend«. Das Publikum reagierte auf diese Äußerung mit Murren.

Jetzt kam es zur Abstimmung. Der erste Juror sagte »Ja«, der dritte »Nein«. Das Urteil der zweiten Jurorin ließ lange auf sich warten. Die Musik wurde zunächst leiser, dann wieder lauter. Die Spannung stieg ins Unermessliche. Und ... schließlich sagte auch die zweite Jurorin: »Ja«.

Jaaa!!! Großer Beifall. Lady durfte also am Finale teilnehmen. Vielleicht würde sie als das größte Talent der Türkei aus der Show hervorgehen. Wie wunderbar! Ein Hund! Darauf würde es wohl hinauslaufen!

Arev hatte Bauchgrimmen. Ein merkwürdiger Schmerz ging von ihrem Magen aus und zog sich bis zu ihrem Herzen hinauf. Sie wollte etwas Wasser trinken, konnte sich aber nicht erheben. Ein Kloß steckte ihr im Hals. Nie hätte sie gedacht, dass das im Fernsehen so riesig wirkende Studio tatsächlich so klein war. Hier drinnen war es stickig. Die von den Scheinwerfern abgestrahlte Hitze, der Atem von Hunderten von Menschen und der Schweiß der umhereilenden Mitarbeiter machten das Atmen schwer. Für einen Moment fürchtete Arev, hier oder auf der Bühne ohnmächtig zu werden. Das würde zu heftigen Reaktionen führen. Die Programmverantwortlichen, aber auch die Zuschauer, fanden solche Zwischenfälle wunderbar. Wieder und wieder würden die Bildschirme die »ohnmächtige Kandidatin« zeigen.

Alle anderen Teilnehmer machten einen fröhlichen Eindruck. Die Mitglieder einer großen Tanzgruppe wärmten sich mit speziellen Übungen auf. Ein Jongleur warf zur Übung farbige Bälle hoch in die Luft und fing sie wieder auf. Der kindliche Kandidat mit aufgemaltem Schnurrbart und nachgezogenen Augenbrauen schaute ihm voller Bewunderung zu. Doch die Mutter des Jungen zog ihn zornig zur Seite und ließ ihn noch einmal aufsagen, was er auswendig gelernt hatte. Ein Sänger versuchte sich einzusingen, brachte jedoch nur krächzendes Geschrei heraus.

Mit einem Mal spürte Arev einen Hauch frischer Luft im Gesicht – ein Mitarbeiter hatte die Tür geöffnet. Sie schaute nach draußen: Dort war ein Baum zu sehen, eine Akazie. Gern wäre sie hinausgegangen, hätte sich aus dem Staub gemacht, wäre einfach verschwunden!

Doch sie schaffte es nicht, sondern zog sich wieder in ihr Schneckenhaus zurück.

Kann denn das Gedächtnis die Grenzen des Körpers überwinden? Wie kann man uneingestandene Tatsachen vermitteln? Wie schwer belasteten einen Menschen uralte Geheimnisse? Lebt eine Sünde hundert Jahre lang? Wer zahlt den Preis dafür?

»Güneş!«

Güneş Demirci. Arev begriff, dass die Reihe an ihr war. Ein junges Mädchen mit Schminksachen trat vor sie hin und puderte ihr hastig das Gesicht. Dann richtete sie ihre Haare. Sie blickte sie an, schaute ihr aber nicht in die Augen. Und schon war sie wieder verschwunden. Ein junger Mann klopfte ihr auf die Schulter: »Jetzt bist du dran. Nur ruhig, es wird schon gut laufen.«

Dieser kurze Augenblick freundschaftlicher Zuwendung tat Arev gut. Vermutlich sagte das der Mitarbeiter zu allen Teilnehmern, Arev jedoch hatte durch seine Worte wieder Mut gefasst. Sie erhob sich und ging zur Bühne. Wie immer musste sie sich ihren Weg durch die Dunkelheit bahnen.

In der Mitte der Bühne blieb sie stehen. Die Scheinwerfer blendeten sie. Vereinzelt drangen Stimmen an ihr Ohr, doch sie verstand nicht, was sie sagten. Ihre Wahrnehmung war so eingeschränkt, dass sie die Wörter nicht deuten konnte. Über dem Studio lag eine so tiefe Stille, dass daraus eine unwirkliche Atmosphäre entstand. Dieses mächtige Schweigen hatte vor mehr als einem Jahrhundert begonnen.

Arev hatte sich darauf vorbereitet, ein Lied zu singen. Sie wollte es ohne Begleitung von Instrumenten vortragen. Nur die Stimme ihres Herzens sollte erklingen. Sie versuchte sich an den Text des Liedes, an seine Melodie zu erinnern - doch da war nichts. Nur Düsternis!

Doch mit einem Mal vernahm sie ein Flüstern aus dem Dunklen. Hörte eine süße, liebevolle Stimme ...

Bar genem, bar genem
Gaban gidrem shar genem
Es yavruyis arevun
Chift khochi khurban genem

Aus Arevs Mund sprudelte das Wiegenlied hervor, das ihre Großmutter ihr leise ins Ohr gesungen hatte, als sie noch ganz klein war.

Als das Lied verklungen war, öffnete sie die Augen: Da war sie wieder zu einem kleinen Mädchen geworden. Die Juroren, die Zuschauer im Studio und die Menschen vor den Bildschirmen – alle waren sehr verwundert.

Der erste Juror sagte: »Nun, das war sehr interessant! Doch in welcher Sprache haben Sie gesungen?«

»Hört sich an, wie eine Sprache vom Balkan.« Die zweite Jurorin dachte laut nach, »war es vielleicht Mazedonisch oder etwas ähnliches?«

Der letzte Juror kanzelte seine Vorgängerin ab: »Was weißt denn du?«, sagte er. »Das ist doch ganz klar Hebräisch. Kommst du etwa aus Israel?«

»Nein«, sagte Arev. »Ich bin hier in der Türkei geboren.«

»Na, dann sag uns mal, was für eine Sprache das war?«, verlangte der erste Juror zu wissen.

»Sei nur still!«, flüsterte die Großmutter Arev ins Ohr. »Sag nichts, verlass sofort die Bühne!« – Mit lauter Stimme, aus vollem Hals rief sie: »Armenisch!«, und zum ersten Mal hörte Arev nicht auf die Großmutter.

Die ganze Jury war wie vor den Kopf gestoßen, versuchte aber darüber hinwegzugehen. Nicht wenige Zuschauer vor den Bildschirmen hielten erschrocken den Atem an.

Der erste Juror fragte nach: »Wie war noch einmal dein Name?« Seine Stimme klang ein wenig säuerlich.

»Güneş«, flüsterte die Großmutter. »Sag es allen: Du heißt Güneş.« – Doch sie antwortete: »Arev!«

A-r-e-v ! Mit jedem Buchstaben lichteten sich die Wolken ein wenig mehr und sie glaubte jetzt in das Antlitz Gottes zu schauen. Sie lächelte. Wie beim Zauberer vor ihr wirkte auch ihre tiefe Verbeugung, mit der sie Jury, Publikum und Fernsehzuschauer grüßte, etwas übertrieben. Ohne auf die Entscheidung der Jury zu warten, trat sie durch die Tür, vor der die Akazie stand und entschwand den Blicken.

Tante Nurhayat

Das kostbarste Juwel goldener Zeiten bist du. Du bist die bezaubernde Fee meiner Kinderträume, die Quelle meines Schatzes an schönen Aussprüchen. Dir verdanke ich meine Grübchen - sie setzen meinem breiten Mund Grenzen. Du mein Zuckertörtchen, mein Nachtfalter, meine Granatblüte, meine Einzigartige, mein Augäpfelchen. Wie eine große Schwester bist du mir, erfüllt von Licht und Leben, wie es dein Name sagt: Nurhayat Abla!

Ich erinnere mich nicht mehr daran, wann ich Nurhayat Abla zum ersten Mal gesehen habe. Vielleicht gab es sie schon seit meiner Geburt, vielleicht erschien sie an jenem Tag bei uns zu Hause, an dem ich zum ersten Mal Scham empfand, vielleicht hatte ja sie mir das Leben geschenkt, ich weiß es nicht. Aber eines ist gewiss: Unser von Lärm und Geschrei erfülltes Stadtviertel, unsere vielköpfige Familie hatte gar nicht bemerkt, wie Nurhayat Abla mich im Innersten berührt hatte. Ich glaube vor lauter Glück und Begeisterung strömte mein Blut damals rosarot durch meine Adern.

Nurhayat Abla war hoch gewachsen - meine Mutter nannte sie »vollschlank«. Sie war eine junge Frau mit drallen Brüsten, geschwungenen Hüften und weißem Teint. Wenn sie die dichten Wimpern um ihre mandelförmigen Augen sehr langsam hob und senkte, schien sich um sie herum eine bezaubernde Musik zu verbreiten. Sie redete nicht viel, doch jedes Mal, wenn sie ihre erdbeerfarbenen Lippen ein wenig öffnete, wehte leise sirrend ein süßer Hauch durch das Zimmer. Die gewellten schwarzen Haare fielen ihr auf die Schultern. Wenn sie ihre Stirnlocken zurückwarf, erhoben sich auch meine Gedanken in große Höhen. Doch all diese Besonderheiten machten Nurhayat Abla noch nicht zu einer so außergewöhnlichen Persönlichkeit – es war vielmehr ihr betörender Duft. Er brachte mich um mein bisschen Verstand, weshalb ich mir – auch weil ich mich immer so ungeschickt verhielt – ständig die Zurechtweisungen meiner Mutter anhören musste. Und weil ich auf die Fragen unserer Nachbarn unpassende Antworten gab, lachte man mich aus. Meine Lage war wirklich beschämend, doch muss ich gestehen, dass mir dies überhaupt nichts ausmachte. Mir reichte es schon, wenn Nurhayat Abla zu uns nach Hause kam, wenn sie – ohne dass ich sie berührte – einfach in unserem Sessel saß. Ich war zufrieden, wenn sie gleichgültig umherblickte, wenn sie die selbstgebackenen Plätzchen meiner Mutter zu ihrem schönen Mund führte und – ach, wie wühlte mich das innerlich auf – wenn sie das Gebäck knackend knabberte und am Ende auch noch die Krümel verspeiste, die sie mit der Zunge aus den Mundwinkeln zusammen geschoben hatte. War sie gegangen, sog ich den Wohlgeruch ein, den sie im Haus verbreitet hatte, und berauschte mich daran. Danach empfand ich höchsten Genuss, wenn ich mir die übrig gebliebenen Plätzchen einverleibte. Und wenn ich mich in jenem Sessel niederließ, in dem kurz zuvor Nurhayat Abla gesessen hatte, war ich ganz außer mir vor Glück. Ich hielt ein einzelnes Haar von ihr in den Fingern und schlummerte schließlich selig ein.

Wäre sie doch häufiger zu Besuch gekommen! Doch meist sah ich Nurhayat Abla nur an den »goldenen« Tagen, an denen das Damenkränzchen meiner Mutter stattfand. Bei diesen Treffen kamen acht Frauen aus dem Stadtviertel zusammen. Jede Woche trafen sie sich abwechselnd im Haus einer anderen. Während sie tausenderlei selbst gemachte Kuchen, Pasteten, Gebäckstücke und Vorspeisen aus Mais und Weizengrütze vertilgten, klatschten und schwatzten sie ausführlich. Am Ende des Treffens gab jede der Damen der Hausherrin eine Münze, die »Republik-Taler« genannt wurde und den Wert einer halben Goldlira hatte. So besaß am Ende jede der Frauen nach acht Wochen acht Münzen. Nurhayat Abla nahm zusammen mit ihrer Mutter an den Treffen des Kränzchens teil, doch beteiligte sie sich auch selbst mit einem Republik-Taler.

Es war schon klar, wofür die acht Münzen bei uns ausgegeben wurden: Zwei Goldstücke bekam meine Mutter für ihren eigenen Bedarf, zwei gingen an meinen Vater und mit den restlichen drei Münzen wurde beschafft, was im Haushalt fehlte. Ich tat alles Erdenkliche, um ganz sicher zu sein, dass der für mich bestimmte Republik-Taler jene Münze war, die Nurhayat Abla von der Kette mit Goldmünzen an ihrem Busen abgenommen hatte. Genau betrachtet, war es für mich ein Leichtes ihre Münze von denen der anderen zu unterscheiden. Denn jenes Goldstück, das seinen Glanz länger als alle anderen bewahrte, auf dessen Oberfläche das Bild Atatürks im Glück erstrahlte und das den Duft exotischer Blüten verströmte, war Nurhayat Ablas Münze, also mein Republik-Taler. Es lebe die Republik!

Meine Mutter war sehr gerecht, denn sie gab mir die Goldmünze, die mir zustand, zur Aufbewahrung und machte mir Vorschläge, wofür ich das Geld ausgeben sollte. Sie sagte zum Beispiel: »Du hast keine ordentlichen Schuhe mehr, die Absätze sind abgelaufen. Lass uns die Münze einwechseln und dir dafür Schuhe kaufen.« Oder sie fragte mich: »Dein Mantel ist dir ziemlich eng geworden, sollen wir dieses Jahr nicht einen neuen kaufen?« Von einem Mantel oder einem Paar Schuhe hielt ich gar nichts. Auch hatte ich kein Interesse an Spielzeug oder einem Malheft. Mein Herz war absolut nicht damit einverstanden, diese Goldmünzen für solch profane Bedürfnisse aus der Hand zu geben. Meine Nase schnupperte immerzu an dem kleinen, nach Nurhayat Abla duftenden Republik-Taler und ich versteckte ihn unter meinem Kopfkissen. So sank ich jeden Abend mit ihrem Geruch in der Nase in den Schlaf. Außerdem beglückwünschte mich meine Mutter auch noch zu meiner Sparsamkeit. Das war ein weiterer Vorteil, der mich keine zusätzliche Mühe kostete.

Ach, Nurhayat Abla ... sprach ich ihren Namen aus, schien alle Luft aus meinen Lungen zu weichen. Daher nannte ich ihn auf gar keinen Fall in Gegenwart anderer. Denn wenn mir ihr Name einmal über die Lippen käme, würde unvermeidlich alles ans Licht kommen. Wenn ich ›alles‹ sage, dann spreche ich natürlich von den tiefen Gefühlen, die ich Nurhayat Abla gegenüber hegte, obgleich zwischen uns niemals ein intimes Verhältnis bestand. Und es gab nur sehr wenige Augenblicke, in denen ich sie, aus welchen Gründen auch immer, berührte. Wenn sie zu uns nach Hause kam oder wir sie besuchten und wenn alle Verwandten einander küssten, streckte Nurhayat Abla auch mir ihre Lippen entgegen. Doch in solchen Momenten versteckte ich mich hinter meiner Mutter, um zu verhindern, dass meine Wangen Feuer fingen und meine wahren Gefühle offenbart würden. Natürlich musste ich mich in solchen Situationen auch gegenüber den anderen Tanten aus der Nachbarschaft, die dazu gar keinen Anlass gegeben hatten, in der gleichen Weise verhalten. Meine Mutter versuchte mein Benehmen zu erklären, indem sie sagte: »Er ist sehr verschämt.« oder »Er ist gerade in diesem Alter«. Gleichzeitig zog sie mich immerzu am Arm, um mich aus ihren Rockfalten hervorzuziehen. Doch je mehr sie an mir zerrte, desto stärker empfand ich den Wunsch, mich noch tiefer in ihren Röcken zu verstecken. So kam es bei jedem unserer Treffen zu einem kleinen Tumult.

Obgleich ihre körperlichen Vorzüge sehr ins Auge stachen, war Nurhayat Abla eine in sich gekehrte Persönlichkeit. Sie sprach wenig. An dem Klatsch, dem sich meine Mutter und ihre Freundinnen lustvoll hingaben, beteiligte sie sich entweder gar nicht oder sie steuerte aus Höflichkeit nur wenige unbedeutende Sätze bei. Während sich die Damen über die schlüpfrigen Witze vor Lachen ausschütten konnten, beschränkte sie sich auf ein kaum merkliches Lächeln. Ich habe mich damals ihrem zurückhaltenden Benehmen angeschlossen, denn es kam mir sehr gelegen, weil ich von den Witzen, in denen Wörter wie »Möse«, »Pimmel«, »Titten« und »vögeln« vorkamen, noch gar nichts verstand.

Bei den Treffen an den »goldenen« Tagen, bei denen viele Kannen Tee leergetrunken und viele hochbeladene Teller leergegessen wurden und bei denen viel und laut gelacht wurde, saß Nurhayat Abla ganz betrübt auf ihrem Ehrenplatz und schien mit ihren Gedanken an einem anderen Ort zu sein. Oh, Nurhayat Abla, ich möchte dort sein, wo du im Geiste bist. Ich möchte mich still und heimlich in die verschwiegenen Winkel deines Herzens schleichen, in die du niemandem Einblick gewährst. Würdest du dich wie ein leichter Drachen aus Papier in den Himmel aufschwingen, wie gern wollte ich da der Schwanz jenes Drachens sein.

Wie ist es möglich, dass einem Menschen die Unschuld so gut zu Gesicht steht? Hat man je so schöne schwarze Haare, so wundervolle mandelförmige Augen gesehen!? Wo gibt es eine Frau, so fein, so zart? Wo gibt es ein Wesen, das seine Umgebung so zu inspirieren vermag? Wen kleidete ein einfaches geblümtes Kleid besser als sie? Oh, Nurhayat Abla, wenn ich doch einmal deine Haare kämmen dürfte, wenn ich deinen zarten Händen doch einmal die roten Nägel lackieren könnte, wenn ich doch von deinem bedruckten Kattunkleid jede Blume einzeln abpflücken und dir daraus einen Kranz winden dürfte ...

Natürlich konnte ich keinen meiner Träume verwirklichen. Aber an meinem sechsten Geburtstag habe ich mit dem kleinen roten Ball, den mir mein Vater gekauft hatte, ein gefährliches Spiel begonnen. An diesem Tag hatte meine Mutter einen köstlichen Schokoladenkuchen gebacken. Doch aus irgendeinem Grund standen keine Geburtstagskerzen darauf. Ich weinte und schrie aus vollem Halse, denn ich bestand auf Kerzen auf dem Kuchen. Am Ende fand meine Mutter eine Lösung: Sie schnitt beim Krämer gekaufte dicke, weiße Kerzen dünner und platzierte sie auf dem Kuchen. Ich wischte mir die Tränen aus den Augen und war glücklich. Ich konnte zu meinem Geburtstag die

Kerzen – auch wenn sie ein wenig schief und krumm waren – ausblasen und den Geburtstagskuchen anschneiden. Als mir mein Vater dann auch noch einen knallroten Ball schenkte, der mir so gut in der Hand lag, war ich ganz außer mir vor Freude. Mit diesem Ball spielte ich tagelang, nächtelang – denn ich spielte auch im Traum weiter. Mit dem Ball legte ich mich abends nieder, mit ihm stand ich morgens auf. Doch das wirklich Wunderbare des Balls entdeckte ich an einem der »goldenen« Tage.

Nurhayat Abla trug an diesem Tag ein vorne durchgeknöpftes, natürlich wiederum geblümtes Kleid, das ein wenig kürzer war als die Sachen, die sie gewöhnlich trug. Wie immer setzte sie sich auf den Sessel und schlug die Beine übereinander. Und wenn ich mich nicht irre, rauchte sie auch eine Zigarette. Nein, also was die Zigarette angeht, da bin ich mir nicht ganz sicher. Vielleicht habe ich sie nur dazu gedichtet, weil sie gut zu ihr passen würde. Wie dem auch sei — ich war gerade dabei, alle Blumen ihres Kleides, alle Blätter dieser Blumen und dazu alle Knöpfe und Knopflöcher des Kleides mit Blicken aufzusaugen und dabei meinen roten Ball in kleinen, kurzen Sprüngen über das Parkett hüpfen zu lassen. Da glitt er mir plötzlich aus den Händen und eine schicksalhafte Fügung ließ den Ball direkt vor ihre Füße springen. Doch mein unschuldiger, schöner Liebling merkte rein gar nichts und auch niemandem sonst fiel etwas auf. Einzig und alleine ich selbst registrierte mit jeder Faser meines Körpers alles, was vorging: Jede Stimme im Raum, jeden Atemzug, jede Bewegung und jede Schwingung. Ich machte mich so klein wie möglich – ich glaube, ich kroch auf allen Vieren – und näherte mich Nurhayat Ablas Füßen, von denen aus ihre Beine steil aufragten. Ich nahm meinen Ball und zog mich wieder zurück. Beim meinem Rückzug kam ich mir vor, als sei ich nicht mehr ich selbst. Mir war schwindelig, meine Leisten taten mir weh, mir war danach, mich rücklings auf dem Boden auszustrecken, alle Vernunft fahren zu lassen und laut zu singen. Mein Gott, so wunderschön dreht sich also die Welt?

Während ich noch darüber nachdachte, sprang mir mein roter Ball erneut aus der Hand und landete wieder vor den Füßen Nurhayat Ablas. Ich natürlich hinterher! Als ich den Ball zum zweiten Mal holte, bewies ich zudem so viel Mut, dass ich sogar meinen Kopf hob und ihr zwischen die Beine schaute. Danach flog mir der Ball noch einmal davon, und noch einmal, und noch einmal ... Ich erinnere mich nicht mehr, wie oft sich dies wiederholte und ab wann ich begann, den Ball gezielt zu werfen. Am Ende ließ mich die scharfe Stimme meiner Mutter zusammenfahren. Ich wandte mich zu ihr um. Meine Mutter nahm mir den Ball aus der Hand und gab mir vor den vielen Leuten, die mir zwar eigentlich alle egal waren, aber eben auch vor Nurhayat Abla, einen kräftigen Schlag auf den Hintern.

Der Schmerz dieses Hiebs beeindruckte mich überhaupt nicht, die Spuren jedoch, die er in meiner Seele hinterließ, waren unerträglich tief und schmerzhaft. Dass ich damals nicht Selbstmord begangen habe, liegt einzig daran, dass ich mich nicht für eine bestimmte Todesart entscheiden konnte: Sollte ich den Gashahn aufdrehen und meinen Kopf in den Backofen legen oder sollte ich mich aus dem Fenster stürzen? Ich durchlitt tiefste Qualen. Einerseits schämte ich mich zu Tode, weil meine stille Leidenschaft noch dazu von meiner Mutter entlarvt worden war, andererseits, weil ich vor allen – und noch dazu vor der Person, die ich besonders verehrte – so gnadenlos erniedrigt wurde. Wenn ich mich an diesen Augenblick erinnere, bekomme ich selbst jetzt noch rote Ohren und meine Seele stürzt in ein dunkles Loch. Es war wirklich furchtbar, ganz schrecklich. Als ich dann aber größer und älter wurde, erlosch auch dieses Feuer. Für den Rest jenes Tages erwähnte meine Mutter diesen Vorfall mit keinem Wort und auch meinem Vater gegenüber sagte sie nichts. So wurde mir wenigstens eine weitere Schande erspart.

Mir wäre nie eingefallen, dass sich Nurhayat Abla jemals aus meinen Träumen verabschieden könnte; aber dieses Ende kam dann doch! Es war an einem finsteren Wintertag. Während es draußen regnete, sagte meine Mutter beim Abendessen einen ganz einfachen Satz, der mir zeigte, dass sich diese Tür geschlossen hatte und sich mir niemals mehr öffnen würde: »Nurhayat Abla heiratet!« Die drei Wörter waren ihr ganz unvermittelt und schnell über die Lippen gekommen. Und als handele es sich um eine ganz alltägliche Nachricht, fügte sie hinzu: »Der Mann soll ein Café betreiben. Er ist wohl schon ein wenig älter, hat aber ein gutes Einkommen. Wie man hört, haben sie ein eigenes Haus. Die Verbindung zwischen ihnen hat Nurhayat Ablas Tante hergestellt. Nun, sie sind ohnehin weitläufig verwandt.«

Mit einem Mal hatte mich die Wirklichkeit ganz unbarmherzig eingeholt. Meine Nurhayat Abla, die Einzige in meinem Leben, die Königin meines Herzens, heiratete einen alten Kaffeehausbesitzer. Ich hatte größte Lust, hinzugehen und dieses Café in Stücke zu schlagen. Jedes einzelne Teeglas wollte ich auf dem

Boden zerschmettern und die Stühle durch die Fenster nach draußen schleudern. Später nahm ich mir vor, den Mann umzubringen. Ich würde mir hier ein Messer packen, dann den Kerl in seinem Kaffeehaus stellen und ihm das Messer wieder und wieder in den Bauch rammen. Als letzte wollte ich die Heiratsvermittlerin, dieses dumme Weib von einer Tante, diese intrigante Klatschbase in Stücke hauen. Ich wollte ihr die Haare ausreißen und ihre Beine mit Tritten traktieren. Sie sollte nicht nur bereuen, dass sie diese Ehe vermittelt hatte, sondern dass sie überhaupt geboren war! Und am Ende würde ich tränenüberströmt zu Nurhayat Abla gehen; ich gedachte, sie an der Hand zu fassen und sie umgehend an einen weit entfernten Ort führen. Aber natürlich sollte dieses ganze Unterfangen ein Traum bleiben. Da ich keinen von meinen Plänen umsetzen konnte, war ich auch noch gezwungen, in dieser Tragödie mitzuwirken. Zur damaligen Zeit war meine Familie knapp bei Kasse. Um das undichte Dach reparieren zu lassen, und wegen einiger Gesundheitsprobleme meiner Mutter, hatten wir alle unsere Goldmünzen ausgegeben, die wir uns da und dort zurückgelegt hatten. Auch meine Münzen waren weg; nur eine Einzige, mein einzigartiger, lieber Republik-Taler, der nach meiner Nurhayat Abla duftete, war mir geblieben. Indes, meine Mutter hatte schon ein Auge darauf geworfen. Sie befahl: »Den stecken wir Nurhayat Abla als Hochzeitsgeschenk an.« Ich hatte keine Möglichkeit ihr zu widersprechen, hatte nicht die Kraft, meine Goldmünze zu nehmen und mich aus dem Staub zu machen. Das erlaubte ja schon mein Alter nicht! Das Ergebnis war, dass ich an diesem verfluchten Tag, in einem Anzug, in den mich meine Mutter gezwängt hatte, mit einer roten Fliege am Kragen, zu der Hochzeit ging und meinen halben Republik-Taler, das Zeichen meiner Liebe, gezwungenermaßen und mit eigenen Händen an Nurhayat Ablas schöne Brust heftete. Ob meine Mutter mir diese Aufgabe als Rache für das Ballspiel zugewiesen hatte, weiß ich nicht. Doch an diesem Tag hielt ich sie für eine ganz und gar unbarmherzige, gefühllose, verständnislose, schreckliche Frau, die keinerlei Skrupel hatte, das eigene Kind zu quälen. Später musste ich mir selbst eingestehen, dass ich ihr vielleicht ein wenig Unrecht getan hatte, aber dennoch, an jenem Tag war sie für mich sogar noch schlimmer als die Stiefmutter von Schneewittchen.

Nach der Hochzeit begegnete ich Nurhayat Abla nicht mehr, denn sie zog nach ihrer Heirat in ein anderes Stadtviertel. Und zu den »goldenen« Tagen kam sie auch nicht mehr. Ihr Mann erlaubte es ihr wohl nicht. Meine Mutter und ihre Freundinnen führten ihre gewohnten Damenkränzchen fort und sammelten weiter Goldmünzen ein. Anfangs trottete ich wie bisher hinter meiner Mutter her, wenn sie zu den Treffen ging, denn ich hoffte, vielleicht Nachrichten von Nurhayat Abla zu erhalten, etwas Neues über sie zu erfahren. Ich will ja zugeben, dass es immer wieder vorkommt und ein solches Wunder wahr wird. Vielleicht würde Nurhayat Abla wieder einmal zu den Zusammenkünften erscheinen ... Nach einiger Zeit wurde immer weniger über sie gesprochen und als meine Hoffnung allmählich versiegte, fand ich diese Treffen schrecklich langweilig. Inzwischen ging ich auch schon zur Schule. Auf der Straße zu spielen, mit meinen Freunden im Fernsehen Zeichentrickfilme anzuschauen – dergleichen war inzwischen viel vergnüglicher. Ich war nun in die vielfältigen Aktivitäten des Lebens eingetaucht und nahm meinen Weg. Später kam die Mittelschule, das Gymnasium und ehe ich mich versah, begannen schon die Studienjahre an der Universität ... halbherzige Beziehungen, die mit Schwächen im Unterricht einhergingen, große und kleine Enttäuschungen ... später dann das Berufsleben ... zunächst Buchhalter in einer Firma, danach Finanzberater ... schließlich das Leben als Junggeselle, an das ich mich recht gut gewöhnt hatte, und Frauen, die hier und da auftauchten und wieder verschwanden ... so blieb von Nurhayat Abla unter dem Gewölbe meiner Erinnerungen lediglich ein angenehmer Widerhall. Und als Zeichen meiner Ergebenheit besaß ich als anschauliches Erinnerungsstück nur noch meinen roten Ball, den ich sorgsam verwahrte.

Als ich Jahre später wie gewöhnlich allein am Tisch in der Küche frühstückte und auf der dritten Seite einer Boulevardzeitung das Bild meiner ersten Liebe sah, hielt ich diesen roten Ball wieder ganz fest in den Händen. Ihr Foto war ein stark retuschiertes Passbild, das ein Fotograf aus einem ärmlichen Viertel am Rand der Stadt gemacht hatte. Nurhayat Abla blickte mich aus dem kleinen Rechteck ihres Fotos zwar wiederum traurig, dieses Mal jedoch aus müden Augen an. Ich wusste, dass sie die Überschrift »Kaltblütige Mörderin!«, über ihrem Bild nicht verdient hatte. Darunter stand in kleinerer Schrift: »Wegen einer Flasche Brause hat sie den Mann umgebracht, mit dem sie seit zwanzig Jahren verheiratet war. Danach stellte sie sich vor ihn hin und trank die Flasche aus.« Schnell überflog ich die Zeilen: Nurhayat Abla hatte mitten auf die Stirn ihres Mannes, dieses Kaffeehausbesitzers, gezielt und ihn mit einer einzigen Kugel getötet. Dann hatte sie die Polizei angerufen und sich selbst angezeigt. Während sie auf die Polizei wartete, hat sie ihrem Mann die blutigen Kleider ausgezogen und in die Waschmaschine gesteckt. Sie hat ihm frische Sachen angezogen und Gesicht und Stirn des Mannes ordentlich abgewaschen. Damit kein weiteres Blut aus ihm floss, hat sie das Einschussloch mit einem Wattebausch verschlossen. Später hat sie dann das Blut auf dem Boden sorgfältig aufgeputzt. Nachdem sie ihre Arbeit erledigt hatte, hat sie die Flasche Brause, die die Ursache dieses Verbrechens war, ausgetrunken. Als die Polizei eintraf, muss sie gerade den letzten Schluck genommen haben. Auf die Frage der Polizisten, warum sie ihren Mann getötet habe, antwortete Nurhayat Abla, er habe ihr nicht erlaubt, die Brause zu trinken. Auf dem Gesicht von Nurhayat Abla waren verschiedene Spuren von Schlägen und blaue Flecken zu sehen, doch gab sie hierzu keine Erklärung ab. Nachdem das Gericht, wohin man sie gebracht hatte, einen Haftbefehl gegen Nurhayat Abla erlassen hatte, überstellte man sie ins Frauengefängnis.

Immer wieder las ich diese Zeilen, bis ich sie richtig verstanden hatte. Nachdem ich den ersten Schock überwunden hatte, ging ich aus dem Haus. In der Hoffnung, weitere detaillierte Informationen zu bekommen, kaufte ich alle anderen Boulevardzeitungen dieses Tages. In einigen erwähnte man den Vorfall mit keinem Wort, in anderen wurde über den Mord nur durch eine kleinere Nachricht ohne Foto berichtet. Aus einer Zeitung, die der Geschichte breiten Raum eingeräumt hatte, erfuhr ich, wann und in welchem Stadtviertel der Mord begangen worden war, und in einem anderen Blatt wurde erwähnt, in welches Gefängnis man Nurhayat Abla gebracht hatte. In einer dritten

Zeitung fand ich eine Fotografie, die Nurhayat Abla nach der Tat zeigte. Zwei Polizisten hielten sie an den Armen fest und führten sie aus dem Haus. Sie schaute in die Kamera. Auf diesem Bild sah sie noch älter aus als auf dem Passbild in der ersten Zeitung. In ihrem Blick lag eine seltsame Verlassenheit – als lebe sie gar nicht in dieser Welt. Sie schien weder glücklich noch unglücklich zu sein. Sie war weder traurig noch gekränkt, weder ruhig noch beunruhigt. Sie war nicht mehr hier. Nurhayat Abla war dorthin gegangen, wohin ihr Geist sie geführt hatte!

An den folgenden Tagen beschäftigte mich dieser Vorfall immerzu. Die Brause war ein Vorwand, doch wofür stand sie? War die Kaltblütigkeit Nurhayat Ablas lediglich in diesem Augenblick hervorgetreten, oder hatte sie sich über Jahre hin aufgebaut? Hatten die Spuren der Schläge in ihrem schönen Gesicht, das trotz der vielen, inzwischen vergangenen Jahre seinen Zauber bewahrt hatte, ihr das Gefühl von Mitleid ausgetrieben? Hat sie ihre täglichen Routinearbeiten einfach nur weitergeführt, als sie ihrem Mann nach dem Mord frische Kleider anzog, als sie ihn wusch und den Boden putzte? Natürlich habe ich mir oft überlegt, ihr diese Fragen in passender Form selbst zu stellen. Einmal hatte ich mich schon bis zu dem Gefängnis, in dem sie einsaß, vorgewagt. Doch da war eine Macht in mir, die mich von diesem Besuch abhielt. Ich denke, ich befürchtete, meine bruchstückhaften Erinnerungen, von denen ich hier berichtet habe, könnten ihre Bedeutung verlieren, wenn ich ihr persönlich gegenübertreten würde.

Ich konnte Nurhayat Abla nicht besuchen, doch ich tat etwas anderes: Ich packte den roten Ball in ein Paket und schickte ihn ihr. Ob sie ihn wohl erhalten hat und ob sie sich erinnerte? Und wenn er bei ihr Erinnerungen geweckt hat, so weiß ich nicht, ob ihr dies gut tat. Ich hoffe darauf.

In den folgenden Tagen schaute ich mir immer wieder die Bilder von Nurhayat Abla an. Es gab da ein Geheimnis, das jedoch nichts mit ihr und den Vorfällen zu tun hatte; das Geheimnis betraf ganz ausdrücklich mich. Es war etwas Undurchschaubares, das mir in meinem Leben schon viele Probleme bereitet hatte. Eine Frage, bei der es um meine Existenz, mein heutiges Glück – oder auch Unglück – ging. Vielleicht war es eine Erklärung für die Traurigkeit, die mein Herz seit langem erfüllte. Viele Tage, viele Monate lang habe ich immer wieder über diese nicht genau zu beschreibende Ungerechtigkeit nachgedacht. Eines Tages aber, als ich des Nachdenkens schließlich müde geworden war, an einem Punkt, als ich es schon aufgeben wollte, erfasste ich das Problem in jenem Augenblick, in dem ich auf meinem Balkon stand und zur Sonne schaute, die aus den grauen Wolken hervorbrach. Jetzt, da ich ein letztes Mal auf das Foto in der Zeitung schaue, kann ich dieses Gefühl auch mit Worten beschreiben: »Nurhayat Abla, du hast in mir ein immerwährendes Gefühl des Mangels hervorgerufen, das ich in allen Beziehungen empfand, in denen ich bis heute gelebt habe! In allen Frauen, die ich gekannt habe, suchte ich immer nur dich. Und ich glaube, ich werde diese Suche fortsetzen ... solange ich lebe!«

Die Schaufensterpuppe

Schließlich wechselte man mir wieder die Kleider. Endlich zogen sie mir die schmutzige Hose und den Pullover aus, der mir den Hals einschnürte. An den Füßen hatte ich grobe Stiefel, die wurde ich jetzt auch los. Sie wuschen mir die Haare, kämmten mich. So sah ich schöner aus. Mir gefielen lange, glatte und schwarze Haare immer besser. Gesicht und Augen, meinen ganzen Körper wuschen sie mit einem eingeseiften Lappen ab. Sie erneuerten auch mein Make-up und die künstlichen Wimpern und sie frischten die Farbe meiner Lippen auf. Später zogen sie mir einen Rock aus einem seidigen Stoff mit Blümchenmuster an. Der war recht kurz, kaum zwei Handbreit lang. Ein paar Blusen probierten sie mir an und entschieden sich schließlich für eine gut sitzende, cremefarbene Bluse mit weit offenem Kragen. Ich glaube am besten gefiel mir der Gürtel, den sie mir um die Taille legten. Er war sehr breit und aus bordeauxrotem Wildleder. Daher passte er sehr gut zum Rot des Rocks und zu den weinroten Absätzen meiner Schuhe. Die Absätze der Pumps waren eigentlich etwas zu hoch. Immerhin waren sie besser als die schrecklichen Stiefel.

Später putzten sie die Scheibe des Schaufensters gründlich, denn sie war vom häufigen Winterregen ganz verspritzt. Dann stellten sie mich sehr bedächtig auf meinen Platz zurück und hängten mir eine Tasche - ebenfalls aus bordeauxrotem Wildleder – an den Arm.

Dann drehten sie mir den Kopf ein wenig zur Seite. Ich glaube dieser leicht gesenkte Blick verlieh mir einen etwas schüchtern wirkenden Ausdruck. Mir gefiel diese Pose, auch wenn sie meinen Blickwinkel ein wenig begrenzte.

Ich war die einzige Schaufensterpuppe. Hier war mein Platz. Neben mir hingen an unsichtbaren Fäden nur noch ein paar Pullover und auf dem Boden waren Blusen ausgebreitet, die mit verschiedenen Schmuckstücken herausgeputzt waren. Das alles hatte aber keine Bedeutung. Die Menschen blickten zuerst auf mich und betrachteten mich am längsten. Die schönsten Kleider zog man ohnehin immer mir an. Ich stand im Blickwinkel der Betrachter. Die sonstige Kleidung war unten auf dem Boden dekoriert und erregte keine Aufmerksamkeit. Über die Kleider unten ließ man gerade einmal den Blick schweifen, meine Ausstattung jedoch wurde lange und ausführlich begutachtet. Manchmal betrachteten sie auch meine Haare, schauten mir sogar in die Augen. Und nachts kamen dann zu fortgeschrittener Stunde die Perversen. Sie drücken sich an die Scheiben und glotzen mir auf die Beine und die Brust. Und weh mir, wenn ich einen Minirock oder eine ausgeschnittene Bluse trug, dann kam jede Nacht ein Liebeshungriger und baute sich vor mir auf.

Den Tag über gingen Tausende von Menschen an mir vorbei: Sie waren fröhlich, bedrückt oder entspannt. Sie hatten es eilig oder pflegten den Müßiggang. Manche waren reich, andere arm, manche groß, andere klein. Morgens war es draußen ruhiger. Die Menschen strebten eilig ihrem Arbeitsplatz zu. Ich hörte die Absätze der Damenschuhe klappern. Wenn ich laufen könnte, würden sich die Schuhe an meinen

Füßen sicher genauso anhören. Die meisten vorübergehenden Männer sprachen in ihre Mobiltelefone. Am Morgen schaute keiner der Passanten in das Schaufenster, wie blind hasteten sie an mir vorüber.

Gegen Mittag belebte sich die Straße, wurde farbiger. Dann kamen die fliegenden Händler. Mit ihnen tauchten auch gleich die Ordnungshüter auf und begannen die ambulanten Verkäufer zu vertreiben. Dabei fielen Sesamkringel zu Boden und Socken flogen aufs Pflaster. Die Waren, durch deren Verkauf sich die armen Leute ein bisschen Geld verdienen wollten, landeten nutzlos auf der Straße. Für einen Augenblick schien das Leben stillzustehen, alle beobachteten, was sich hier abspielte. Als Verkäufer und Polizisten im Straßengewirr verschwanden, gingen die Passanten wieder ihrer Wege, als sei nichts geschehen. Einige der Händler würden in ein paar Tagen zurückkommen, andere ließen sich nicht mehr blicken. Vielleicht versuchten sie ihr Glück jetzt in anderen Stadtteilen.

An der Ecke des Bankgebäudes gegenüber saß ein Mann, dem der ganze Unterkörper fehlte. Er lief auf den Armen. Auf seiner kleinen, auf dem Boden ausgebreiteten Verkaufsfläche bot er unechte Ringe an. Ihm taten die Polizisten nichts, ließen ihn gewähren. Der Mann war ein Krüppel, da hatten sie wohl Mitleid. Ich war einmal in der gleichen Situation gewesen. Damals hatten sie mir den Unterkörper abgenommen und ihn erst nach zwei Tagen zurückgebracht. Nur notdürftig mit einem Pullover bekleidet, lehnte ich in einer Ecke des Schaufensters. Ich bedauerte den »halben« Mann, denn ich konnte mich in seine Lage versetzen. Er schaute dauernd von drüben zu mir herüber. Ich wollte, ich hätte ihm zuzwinkern können, denn ich glaube, er ist mein engster Freund. Wir standen uns schon so viele Jahre gegenüber. Auch wenn wir nicht miteinander sprechen konnten, so schauten wir einander doch an. Es war schön, dass einige Dinge immer gleich blieben.

In der Straße änderte sich alles sehr schnell. Früher gab es kleine Schaufenster, in denen Schaufensterpuppen wie ich standen. Heute hatten die meisten Läden gar keine Schaufenster mehr. Und Puppen stellten sie auch keine mehr in die Auslagen. Die Kleidung schlackerte auf diesen geschmacklosen Kleiderbügeln herum. Und die Schaufensterpuppen der Läden, die noch Schaufenster hatten, sahen seltsam aus. Sie hatten keine Gesichter, ihre Körper waren extrem dünn, wie ein Rohr. Und manche von ihnen hatten nicht einmal einen Kopf. Ich fand diesen Zustand schrecklich. Eine Schaufensterpuppe musste doch menschliche Dimensionen haben. Wer sie anschaute, musste sich darin selbst erkennen können. Der Betrachter musste sich vorstellen, wie die Kleidung an ihm aussehen würde. Ich wusste nicht, wie es zu diesen neuen Formen gekommen war. Warum sollte ein Mensch den Wunsch verspüren, einen Pullover zu kaufen, der auf einer Figur hing, die an ein Wesen von einem anderen Stern erinnerte!

Mir gefielen diese Veränderungen nicht. Doch eines Tages würde auch ich an die Reihe kommen. Dann würden sie mich aus dem Verkehr ziehen und mich durch glänzende Plastikfiguren ersetzen, die nicht mehr an einen Menschen erinnerten. Mich würden sie irgendwo auf der Straße in einen Müllcontainer werfen. Aber vielleicht wird es ja noch schlimmer kommen: Sie könnten mir Arme und Beine abtrennen, die Augen herausnehmen. Sie würden alle meine Glieder in verschiedene Säcke packen und sie in riesigen Öfen zusammenschmelzen, um etwas Neues daraus herzustellen. Vielleicht würden sie eine neue Schaufensterpuppe daraus herstellen oder Spielzeug. Oder was viel schlimmer wäre, sie könnten aus mir am Ende sogar eine Plastikwanne machen! Da wäre es schon besser, mich in einen Müllcontainer zu werfen. Dort würde mich vielleicht jemand finden, ein Künstler oder ein unmöglicher Penner. Vielleicht nähme mich ein Stadtstreicher, der niemanden sonst hatte, zur Freundin. Das Glashaus, in dem ich saß, war ein gläsernes Gefängnis. Die zwischen mir und dem Leben draußen stehende durchsichtige Wand sicherte meine Existenz. Ich wusste sehr gut, dass ich auf der anderen Seite der Scheibe nicht überleben könnte. Jeder Wechsel der Jahreszeit brächte einen möglichen Abschied mit sich. In dieser Saison hatten sie mir wieder neue Kleider übergezogen, doch wer konnte garantieren, dass dies nicht das letzte Mal war? In dem Umfeld, das ich überblickte, war ich die älteste Schaufensterfigur, daher dürfte mein Ende nicht mehr weit sein.

In unserem Geschäft wurde nur Damenkleidung verkauft. Deshalb stand ich hier ganz allein. Wenn sie auch Herrenkonfektion verkauften, hätten sie - auch wenn das Schaufenster dafür eigentlich zu klein war - gezwungenermaßen noch eine weitere Figur hereinstellen müssen. Dann wäre ich nicht so allein. Selbst wenn sie nicht miteinander sprachen, schöpfen zwei Wesen, die das gleiche Schicksal und die gleichen Sorgen teilten, doch voneinander Kraft.

Wenn sich alles um uns herum auch sehr schnell veränderte, Sie selbst jedoch von diesen Veränderungen nicht betroffen waren, dann könnten Sie nur eines tun: Sie müssten sich ablenken. Sie verhielten sich, als sei die Lage gar nicht so ernst, und Sie schöben das Ende hinaus. Schöben es auf und später käme dann der Tod.

Ich schaute mir die Vorübergehenden an. Wie ich, hatten sie Beine, Arme, Augen, Nasen und Ohren. Trotz aller Gemeinsamkeiten – wie groß war doch der Unterschied zwischen uns. Die Menschen hatten gute und schlechte Absichten. Wenn sie sich vorwärts bewegten, schlugen sie eine bestimmte Richtung ein. Natürlich wusste ich überhaupt nicht, was außerhalb der paar Meter, die ich überblicken konnte, passierte. Ich konnte nicht abschätzen, ob die Menschen ihre Ziele erreichten, ob es das Leben, das sie führten, wert war, dass sich so viel Unglück auf ihren Gesichtern spiegelte? Und doch waren alle denkbaren Möglichkeiten besser, als an einem festen Ort zu verstauben.

Seit Tagen kam zum ersten Mal die Sonne heraus. Sie beschien die Hälfte meines Gesichts. Ich liebte dieses Licht, das aus einer unversiegbaren Quelle kam und auf dieser Welt ausgerechnet mich fand. Das helle Licht ließ die Last auf den Schultern der Menschen leichter werden und vertrieb ihre Sorgen - dessen war ich mir sicher. Wenn die Farben strahlten, lächelten die Menschen. Auch wenn ich wusste, dass es sich hier nur um einen vorübergehenden Anflug von Fröhlichkeit handelte, machte auch mir ein gelegentliches, unbestimmtes Lachen dennoch Mut. Ich trug nicht mehr so schwer an meiner Bürde wie in früherer Zeit. Damit wagte ich noch an die Möglichkeit zu denken, eines Tages einfach von hier wegzulaufen, mich davon zu machen. Wenn mir dieser verrückte Gedanke auch nur für einen kurzen Augenblick in den Sinn gekommen war und sich dann sofort wieder verlor, so verlieh er mir doch die Kraft, meine Situation weiter aushalten zu können - natürlich nur für einen Moment. Doch gleich darauf wurde mir klar, dass dies das Ende der Welt bedeuten würde. Deshalb hatte ich diesen Gedanken sofort wieder verworfen. Ich zog mich nun wieder ganz in mich zurück, streckte meinen Kopf in die Sonne und beruhigte mich.

Und wieder erklang dieses Lied; die Musik kam wohl aus der Buchhandlung von nebenan:

»*Ohne Umkehr stehen wir am Horizont des Lebens,
es ist schon spät.
Mein Leben, das ist deine letzte Etappe,
mach daraus, was immer du magst.*«

Früher hörte ich bei solchen Liedern gar nicht zu. Fröhliche Musik ging mir leicht ins Ohr. Bei heiteren Klängen empfand ich heute meine Einsamkeit stärker. Melancholie dagegen tröstete mich.

Noch bevor das Lied zu Ende war, kam auf der Straße Lärm auf. Von meinem Platz aus konnte ich kaum etwas sehen. Ich hörte nur ein Rumoren in der Ferne. Die Menschen, die zum Platz strömten, schauten beim Laufen immer wieder zurück, die Entgegenkommenden zögerten beim Weitergehen. Hier und da tauchte - wie ich aus meinem linken Augenwinkel beobachten konnte - eine Gruppe auf, die sich von hinten näherte. Laut schreiend und rufend war sie an mir vorbeigezogen. Ich dachte, dass es auch dieses Mal so ablaufen würde. Doch ich irrte mich!

In meinem Leben, von dem ich nicht wusste, wie lange es schon währte, sollten meine Augen Dinge sehen, die sie tatsächlich nie zuvor erblickt hatten!

Zuerst erschien leichtfüßig ein Mädchen. Ihre blonden Haare flatterten im Wind. An ihrer Seite ein junger Mann. Ein dunkler Typ mit kohlschwarzen Haaren. Sie hielten sich an der Hand. Den beiden folgten viele Leute. Die Sonne schien und alles erstrahlte in ihrem Glanz. Dann kamen sie, die allseits bekannten Henker. Sie traten wieder aus der Dunkelheit hervor. Schwere Waffen und lange Stöcke hielten sie in den Händen und auf ihren Gesichtern spiegelte sich nur mit Mühe gezügelte Wut. Es war nicht ersichtlich, ob sie je in ihrem Leben gelacht hatten, so sehr hatten sie ihr menschliches Empfinden verborgen. Sie zerbrachen die Flügel des leichtfüßigen Mädchens und stießen den Jungen mit den schwarzen Haaren zu Boden. Das Mädchen versuchte sich an den Jungen zu klammern. Er lag auf dem Boden und Blut rann aus seinem Mund. Während ich die beiden noch hilflos betrachtete, verbreitete sich eine Gaswolke in der ganzen Umgebung. Ein alter Mann stürzte hustend aufs Pflaster. Eine Frau schrie aus vollem Hals um Hilfe. Überall verbreitete sich dunkler Rauch und man konnte nichts mehr sehen.

Nachdem sich die Gaswolke verflüchtigt hatte, waren auf der Straße weder das leichtfüßige Mädchen, noch der Junge mit den tiefschwarzen Haaren zu sehen. Auch der alte Mann, die Frau, die geschrien hatte, und alle anderen Leute waren verschwunden. Nach wenigen Stunden war die große Straße menschenleer, lediglich ein paar tote Vögel lagen auf dem Pflaster und einige Straßenköter streunten herum.

Während ich mich – wie meist ohne jede Hoffnung – noch grämte, weil ich wieder einmal Zeugin einer Niederlage geworden war, passierte etwas, das ich nie zuvor beobachtet hatte. Sie kamen wieder zurück: Das

Mädchen und der Junge, der alte Mann, die schreiende Frau und alle anderen. Sie hatten ihre Wunden verbunden und die Menge war angeschwollen. Es waren jetzt viel mehr Leute. Viel, viel mehr Menschen.

Hätte ich doch nur meine Augen schließen können, damit ich nicht mit ansehen musste, was nun passierte. Die Uniformierten rückten jetzt in ihren riesigen Fahrzeugen auf die Menschen vor. Sie zielten mit ihren Waffen auf die Augen der Leute und spritzten ihre schwachen Körper mit einem starken Wasserstrahl hinweg. Dann setzten sie die ganze Umgebung unter Gas, bis alle erschöpft aufgaben. Für einen Augenblick erkannte ich durch den Qualm jenen Krüppel, dem der Unterleib fehlte. Er zappelte und schlug um sich. Ein Bewaffneter stand ihm gegenüber. Der arme Mann riss sich schreiend das Hemd auf und der Polizist hob seine Waffe hoch. Der Krüppel blickte dem Uniformierten regungslos direkt in die Augen. Da ließ der Mann die Waffe sinken.

Die Hilflosigkeit, verursacht durch die Gefangenschaft, belastete das Gewissen jener, die immer nur Beobachter sein mussten, jedoch nie eingreifen konnten. Sie führte zu der traurigen Situation, in der man zum Zuschauen gezwungen war. Ach, hätte ich nur fortgehen können, hätte ich mich doch nur auf dem Boden einer Mülltonne verstecken können. Hätte ich doch nur vor Scham im Boden versinken können!

Da war mit einem Mal ein Klappern und Klirren losgegangen und unser Schaufenster wurde völlig zerstört. Zum ersten Mal spürte ich den Wind in meinem Gesicht. Den Wind … ein Freiheitsgefühl, das den Schatten ferner Länder erahnen ließ.

Der Wind hatte ein Feuer in mir entflammt: Nur ein Schritt lag zwischen mir und der Straße. Nur einen Schritt war ich von der Außenwelt entfernt!

Genau in diesem Augenblick erschien diese wunderbare, riesige Menschenmenge wieder. Mit ihren Körpern bildeten sie ein Schild gegen die Waffen. Dann rückten sie vor – trotz des Gases, des Staubes und des Nebels rückten sie weiter vor. Sie lachten und schritten voran. Nun begann ein Schwingen wie bei Ebbe und Flut. Die Menschen brandeten nach vorn, wie anschwellende Wellen. Auch der Strom der Uniformierten schwoll an und floss wieder zurück. Als dabei einige zu Boden stürzten, hob man sie wieder auf. Sie wischten sich den Staub ab und marschierten auf die Polizisten und die Körper zu, die gemeinsam einen Schild bildeten.

Während ich noch den Atem anhielt und auf neue schreckliche Ereignisse wartete, entstand in dem Bereich, den meine Augen überblicken konnten, eine neue Welt. In ihr gab es keine Bewaffneten mehr – Männer und Frauen setzten sich gemeinsam mit Kindern und Greisen auf das Pflaster. Gemeinsam schufen sie eine Traumwelt. Sie sangen gemeinsam Lieder, lachten einander an und umarmten sich. Sie stellten riesige Tische auf die Straße und aßen gemeinsam. Lange hielten sie sich an der Hand und berührten sich, bis nach und nach ihre Vorbehalte verschwanden. Sie drehten sich im Tanz, hielten sich dabei bei den Händen. Sie setzten sich nieder, erhoben sich wieder und verbanden ihre Wunden. An die grauen Mauern malten sie bunte Bilder, spielten mit den Kindern, wurden selbst wieder zu Kindern und waren fröhlich.

Ich sah, wie sich der Mann ohne Unterleib zu ihnen gesellte. Auch er lachte und tanzte auf seinen Armen. Er schaute mich an, als wollte er sagen: »Los! Komm auch du zu uns!«

Meine Füße kribbelten. Ich fürchtete mich und wollte mich zurückziehen. Doch es ging nicht. Sollte ich nach vorn gehen? Eine unbestimmte Erregung hatte mein Inneres erfasst. Der anhaltende leichte Wind beseelte meinen Körper, machte mir Mut. Das Schaufenster war zerbrochen, es war nur eine Stufe ... wenn ich einfach da herunter gesprungen wäre! Nur ein Schritt. Wenn ich mich unter die Menge gemischt hätte, wenn ich zu einem Mensch unter Menschen geworden wäre! Wenn ich einem die Hand gereicht hätte, wenn mir einer die Hand auf die Schulter gelegt hätte! Wenn wir zusammen weggegangen wären, einen Schritt nach dem anderen getan hätten! In die Ferne ... und dabei hätten wir gelacht. Ob ich das wohl geschafft hätte?

Die Mörderin

Die Witwe Gülriz hatte sich an meine Fersen geheftet und ich konnte sie erst wieder loswerden, als ich aus meiner Wohnung auszog. Gott sei Dank konnte ich die Wohnung für einen guten Preis verkaufen und für mich eine kleine, nette Wohnung erwerben, die weit von Gülriz Hanım entfernt auf der anderen Seite des Bosporus in Kanlıca lag. Für mich war das eine angenehme Abwechslung. So konnte ich Kurtuluş, das sich im Lauf der Jahre zu einem lärmerfüllten und chaotischen Viertel mit viel Verkehr entwickelt hatte, hinter mir lassen. Vielleicht war ich auch vor meiner eigenen Befreiung davongelaufen, doch das weiß ich nicht. Hätte ich mich den beharrlichen Einladungen von Gülriz Hanım nicht verweigert, wäre ich an ihren verblühten, ausladenden Busen gesunken, hätte mich also diesem Schicksal ergeben, das sich immer wieder mit Themen wie dem Sinn des Lebens, der Ehe und der Liebe beschäftigte – also mit Begriffen, die mir unsinnig erschienen – dann wäre ich vielleicht ein glücklicher Mensch geworden. Doch es lag nicht in meiner Hand – mein ganzes Leben konnte ich weder das Alleinsein noch die Frauen ertragen.

Eigentlich gelte ich nicht als jemand, der Schwierigkeiten hat, Kontakte zu knüpfen. Obgleich ich nicht sehr gut aussehe, glaube ich doch ein gewinnendes Wesen zu haben. Ich nehme die angenehmen Seiten der Frauen wahr und liebe es, ihnen dies in wohlgesetzten Worten mitzuteilen. Aber ich bedränge und verwöhne sie nicht zu sehr. Ich halte einen gewissen Abstand zu ihnen, bin ein wenig schüchtern, zurückhaltend und stolz, doch immer interessiert! Meine humoristische Ader ist stark ausgeprägt und eine süße Schandtat kommt immer gut an. Die Frauen lieben es zu lachen. Mein Charakter ist wechselhaft: Einerseits bin ich ein Mann mit einem gebrochenen Herzen, das nach Liebe dürstet, und andererseits bin ich ein Kind, das der Pflege bedarf. Ein Kind, das aber auf keinen Fall in der Pubertät sein darf. Denn Frauen mögen solche Kinder nicht: Sie machen alles kaputt, benehmen sich ungezogen, sind unberechenbar und schreien herum.

Selbst wenn die Frauen mir im ersten Augenblick interessant erscheinen, fangen sie doch nach einiger Zeit an, zu weinen und sich zu beklagen. Später wollen sie dann heiraten und am Ende lassen sie sich wieder scheiden. Ein solcher Ablauf widerspricht meiner Natur. Ich wünsche mir leichte, unverbindliche Kontakte, die nur von dünnen Fäden zusammengehalten werden und keine zu große Verantwortung verlangen. Wie ich schon erklärt habe, ist es für mich leicht, eine Beziehung zu beginnen, denn ich kann die Frauen bezaubern, doch schwierig wird es, wenn ich eine Bekanntschaft über längere Zeit fortführen soll. Ich bemerkte, dass mir bei einer attraktiven Frau schon nach wenigen Monaten mehr unangenehme als angenehme Eigenschaften ins Auge fielen, sodass ich ihr meine Gunst sogar gänzlich entzog. In diesen Situationen hatte ich einen säuerlichen Geschmack im Mund und in meinem Kopf verbreitete sich ein beklemmendes Gefühl. War meine Seele erst einmal davon erfüllt, war jeder Augenblick, den ich gemeinsam mit dieser Frau verbrachte, eine Qual für mich. Auf eine starke Verstimmung, auf den starken Wunsch allein zu sein, folgten schließlich Gefühle der Reue. Ganz sicher hat sich mein Charakter keine groben Umgangsformen angewöhnt, doch andauernde nervtötende Ausbrüche, der Zwang ständig irgendwelche Geschichten erfinden und Lügen erzählen zu müssen – wobei Unaufrichtigkeit tatsächlich meinem Charakter widerspricht – verleidete mir diese Beziehung gründlich.

Nehmen wir nur den Fall von Gülriz Hanım. Bei unserem ersten Kennenlernen hat sie mir sehr gut gefallen: Ihre vollen, stets geschminkten Lippen, die riesigen Augen, die große Gestalt und auch die ein wenig scharf gewürzten, gefüllten Weinblätter in Olivenöl. Wenn sie sagte, »Alleinstehende Männer haben keine Lust, sich etwas zu kochen. Doch damit Sie nicht hungern müssen, habe ich Ihnen selbstgemachte Weinblätter mitgebracht«, war ich jedes Mal restlos begeistert. Drei Wochen später habe ich die gleiche Szene dann so beschrieben: Lippen wie aufgeplatzte Maiskörner, die in Sauerkirschen-Marmelade getaucht waren, Kuhaugen, eine Figur wie ein langer Pfosten und gefüllte Weinblätter in Olivenöl, die wegen der darin enthaltenen scharfen, roten Paprika mein Hämorrhoiden-Leiden verschlimmerten und mir das Leben zur Hölle machten! Unter normalen Umständen hätte ich nach Ablauf dieser Zeitspanne gegenüber den Frauen Ausreden wie diese gebraucht: »Ich habe sehr viel zu tun. Heute habe ich Kopfschmerzen. Ich möchte allein sein. Ich bin so schlechter Stimmung, dass ich diese nicht auf Sie übertragen möchte.« Damit pflegte ich ihnen nach und nach mein Desinteresse zu vermitteln und sie von mir fern zu halten. Da Gülriz Hanım jedoch meine

Nachbarin war, funktionierten diese Ausreden bei ihr nicht so gut. Schützte ich gesundheitliche Probleme vor, stand sie prompt mit einem Topf mit Essen vor meiner Tür. Da ich zwangsweise wegen Rationalisierungsmaßnahmen in meiner Firma in Frührente hatte gehen müssen, konnte ich auch die Ausrede, stark beschäftigt zu sein, nicht gut anbringen. Ich war ihr nämlich längst in die Falle gegangen. Einige Male war ich gezwungen gewesen, so zu tun, als sei ich nicht zu Hause. In aller Herrgottsfrühe, ich war noch im Schlafanzug, klopfte es erst an der Tür und dann kam eine Stimme von draußen: »Lieber Harun Bey, ich bin es, Gülriz!« Damit ich nicht glauben sollte, es sei irgendjemand anders, dem ich nicht öffnen würde, nannte sie ihren Namen. So sicher war sie sich also. Ich öffnete die Tür nicht, doch das kam mich teuer zu stehen. Ich war in meiner eigenen Wohnung gefangen. Und was für ein Gefängnis das war! Ich konnte nicht vom Diwan steigen, denn ich wusste, dass sie meine Schritte hätte hören können. Schon öfter war sie mit der Pfanne vor der Tür erschienen und hatte gesagt: »Als ich merkte, dass Sie aufgestanden sind, habe ich Ihnen gleich ein Omelett gemacht.«

Doch war ich bei all diesen Schwindeleien glücklich? Nein! Mein Gewissen schmerzte mich tief. Wenn ich sah, wie der Hoffnungsfunke in den Augen der Frau erlosch, war ich innerlich schwer erschüttert. Daher kam wohl auch der Spruch: »Mit einer neuen Wohnung bekommst du auch einen neuen Nachbarn!« Und ich stand kurz davor, Gülriz Hanım zu bekommen. Nun, ich hatte mich in Todesangst nach Kanlıca gerettet. Und da mein Gewissen solchen Druck gewohnt war, beruhigte es sich schon nach kurzer Zeit wieder.

Inzwischen wohne ich schon eineinhalb Jahre in Kanlıca und habe immer noch nicht alle Kartons ausgepackt. Da ich mich von meiner üblichen Umgebung entfernt habe, hat sich die Zahl meiner Besucher beträchtlich verringert. Morgens stehe ich auf und gehe dann ein wenig ans Meer hinunter. Nach ein paar Metern kaufe ich mir meine Zeitung und kehre wieder nach Hause zurück. Hier und da kaufe ich mir beim Gemüsehändler ein paar Lebensmittel. Bis zum Abend sehe ich fern, lese die Zeitungen oder surfe im Internet. Manchmal kommt eine Katze auf den hinteren Balkon. Ich spiele mit ihr und frage mich, wie sie wohl in den zweiten Stock gelangt sein kann. Es ist zwar hässlich, doch ich mag es, die schwarze Katze zu reizen bis sie faucht. Deshalb habe ich sie auch Azmi genannt. Sie überwindet jeden Tag eine Menge gefährlicher Situationen und kommt auf meinen Balkon. In der Hoffnung auf einen Bissen Brot sitzt sie oft bis zum Abend vor der Balkontür. Wenn es dunkel wird, schaue ich nach ihr, doch da ist sie schon verschwunden. Offensichtlich hat sie einen anderen Platz, an dem sie schläft. Vielleicht lebt die Untreue an zwei Orten und sicher lässt sie sich doppelt verwöhnen und frisst auch noch woanders. Doch das weiß nur Gott!

Nachdem ich meine Beziehungen auf das Minimum reduziert hatte, empfand ich keine Notwendigkeit, die Wohnung in Ordnung zu halten und aufzuräumen. Außer mir bekam ja niemand mit, wie es hier aussah. Und wenn in der Küche der Abwasch von drei Tagen stand, was machte das schon? Ob ich mein Bett machte oder nicht, wen störte das? Und wen störten die Kartons an der Tür?

Inzwischen hatte ich auch vergessen, was sich in den Kartons befand. Wenn mir die Sachen hier ausreichten, dann bedeutete dies, dass die eingepackten Dinge nutzlos waren.

Wenn diese Welt ein schönerer Ort und ich 53 Jahre alt wäre, dann würde ich diese Kartons öffnen und alles, was ich in der Vergangenheit gesammelt hatte, vor mir ausbreiten und meine Einsamkeit genießen und auskosten. Ich würde mir ein Hobby zulegen, Sport treiben und ein prima Leben führen.

Aber in diesem Land war es eben nicht so: Man sitzt vor dem Fernsehapparat und wird Zeuge eines unglaublichen, sittenlosen Verhaltens. Man wird mit Personen konfrontiert, die sich nicht gerade durch witzigen Geist und intelligentes Auftreten auszeichnen und man trifft auf grenzenlose Unverfrorenheit. Überall trifft man Spitzbuben, Schwindler und Intriganten. Die Menschen schauen einander in die Augen und belügen dabei, sie erfinden Geschichten und begehen sogar Straftaten – später lachen sie ganz ungeniert darüber. Unerträglich ist, dass niemand seine Stimme gegen diese Skandale erhebt. Einer fängt an, sich unmoralisch zu verhalten, die anderen machen es ihm nach. Einer lügt und sorgt dafür, dass schon bald eine Million Schleimer auf den Plan treten. Die Latte für ehrloses und unanständiges Verhalten wird tiefer und tiefer gelegt.

In meiner Jugend wurde im Fernsehen oft ein »Limbo« genannter Tanz gezeigt. Dabei wand sich ein Tänzer unter einem Stab hindurch, der in einer gewissen Höhe parallel zum Boden angebracht war. Sein Blick war währenddessen auf den Stab gerichtet. Bei jeder Wiederholung der Musik wurde der Stab ein wenig tiefer gelegt und der Tänzer schlängelte sich mit dem Rücken parallel zum Boden hindurch – wie eine auf den Rücken gedrehte Spinne. Das war ein ziemlich törichter Tanz. Wenn ich mir die heutigen Menschen ansehe, stelle ich fest, dass sie versuchen, sich unter dem Stab hindurch zu winden, je weiter die Latte für moralisches Verhalten auch abgesenkt wird. Das Leben war früher, als es weder Fernsehen noch Internet gab, wohl etwas beschaulicher. Wenigstens hat man die Gesichter dieser schamlosen Leute nicht gesehen, man hörte nur ihre Stimmen aus einem krächzenden Radio. Heute dagegen tritt uns diese Abscheulichkeit mit ihrer symbolischen Fratze jederzeit ganz offen gegenüber. Wenn man der Dreistigkeit nicht bei ihrem ersten Auftreten den Kopf zertritt, breitet sie sich wie eine ansteckende Krankheit unter den Menschen aus. Und wenn sich die Großen, die ganz oben stehen, auch so verhalten, machen es ihnen die anderen Leute voller Begeisterung nach. So werden unmoralisches und unsittliches Verhalten, über das man sich unter normalen Umständen empören müsste, mit einem Mal zu einem ganz gewöhnlichen Charakterzug, der kaum noch Erwähnung findet. Ehrenhaftigkeit, Anstand und Uneigennützigkeit sind bald ganz von der Tagesordnung verschwunden.

Ich saß den ganzen Tag zu Hause und schimpfte vor mich hin. Das ist die schlechte Seite am Alleinsein. Einige Zeit später ertappte ich mich dabei, dass ich mit lauter Stimme mit den Wänden redete, wie ein Verrückter. Vielleicht war das der Grund dafür, dass ich die Kartons noch nicht geöffnet hatte: Wenn ich mich hier niederließ und einrichtete, würde ich mich vielleicht anstecken und dieses schamlose Verhalten übernehmen. Mich nicht zu sehr einzurichten, gab mir ein gutes Gefühl, denn wenn ich mich zu stark bedrängt fühlen würde, könnte ich mich leichter davonmachen. Andererseits bedrückte mich auch dieses falsche Gefühl des Nichtsesshaften. Zu nichts zu gebrauchen zu sein, sich an keinen Ast klammern zu können, vergiftete mich unmerklich in meinen körperlichen Grundfesten.

Als ich mich eines Tages wieder einmal in der Spirale der Ausweglosigkeit drehte und drehte, lehnte ich mich gegen meine Trägheit auf und startete einen Angriff auf einige der Kartons. Was ich da aus einer der Kisten zu Tage förderte, zerstörte meine letzten Hoffnungen: Einige Töpfe mit abgeblätterter Teflonbeschichtung, ein paar zerbrochene Gläser, eine Reibe, eine Zitronenpresse und ein Kürbisausstecher. Da ich schon recht lange nicht mehr ordentlich gekocht hatte, waren sie für mich nichts weiter als ein paar wertlose Küchengeräte. Daher stieß ich den Karton einfach mit dem Fuß zur Seite. Danach öffnete ich eine zweite Kiste. Es waren inzwischen vergilbte Bücher mit verblassten Umschlägen darin – alte Romane.

Einige nahm ich heraus und schaute sie mir an. Sie rochen nach Staub und ich musste niesen. Ich ließ das Buch *Die Tiefen der Imagination* von Ahmet Hilmi aus Philippopel zu Boden fallen. Als ich den Band hastig wieder aufhob, bemerkte ich einen alten Zeitungsausschnitt, der zwischen den Seiten des Buches steckte. Das welke Papier war inzwischen fast ganz schwarz geworden und hatte sich durch die Feuchtigkeit gewellt. Ich schaute genauer hin. In der Zeitungsnachricht ging es um die Verurteilung von Nurhayat Abla. In meiner Kindheit war sie mir der liebste Mensch, sie war meine erste, platonische Liebe, meine Prinzessin.

Von dem Zeitungsausschnitt aus blickte sie mich mit traurigen, schönen Augen an. Obgleich inzwischen so viel Zeit vergangen war, führte mir plötzlich mein Gedächtnis, dessen Leistungsfähigkeit ich schon angezweifelt hatte, wie in einem Film alle meine Kindheitserinnerungen vor. Dieser Streifen zeigte meine Tante Nurhayat beim Damenkränzchen, bei den »goldenen Tagen«, zu denen meine Mutter regelmäßig einlud und zu denen jede Teilnehmerin eine halbe Goldlira beisteuerte. Ich sah Nurhayat Abla auf dem Gobelin-Sessel sitzen, sie aß Konfekt und trank Tee. In meiner Erinnerung beobachtete ich, wie sie an heißen Tagen mit der Hand die Haare nach hinten schob, wie ich mich zwischen den Beinen meiner Mutter versteckte, wenn sie sich vorbeugte und versuchte, mir über den Kopf zu streichen. Aber ich erinnere mich auch daran, dass ich ihr näher kommen wollte und deshalb meinen kleinen roten Ball immer wieder in Richtung ihrer Füße kullern ließ. Und ihr guter Duft erst ... Nurhayat Abla duftete frischer als alle Blumen zusammen. All dies erschien vor meinen Augen und wurde in meinem Geist, in meiner Seele wieder lebendig. Ein kalter Schauer durchlief meinen Körper und in eben diesem Augenblick begriff ich, dass das Gesicht, das ich auf dem verblichenen Zeitungsausschnitt in meiner Hand sah, das Antlitz jener Frau war, die ich seit langer Zeit in meinen Träumen gesehen hatte. Ich erinnerte mich genau, dass Nurhayat Abla nach ihrer Heirat sehr unglücklich gewesen war und am Ende – wer weiß, was ihr da in den Sinn gekommen war – ihren Mann umgebracht hatte.

Ich war wie verzaubert. Mir schlug das Herz bis zum Hals. Hätte ich mich jetzt erhoben, wäre ich sicher zu Boden gestürzt. Meine Seele flatterte im Wind wie ein Teppich, der zum Lüften aus dem Fenster hing. Ich würde nun tun, was ich längst hätte machen müssen: Ich wollte Nurhayat finden.

Das war nicht schwierig. Ich bat einen Freund, der Anwalt war, nach ihr zu forschen. Er rief mich nach einigen Tagen an und sagte, sie befinde sich noch im Gefängnis. Einerseits freute mich dies, andererseits war ich betrübt. Ich freute mich, denn wäre sie inzwischen entlassen worden, wäre es sehr viel schwerer gewesen, sie zu finden. Vielleicht wäre es sogar unmöglich gewesen, Kontakt zu ihr aufzunehmen. Ich war betrübt, weil sie meiner Rechnung nach mehr als zehn Jahre im Gefängnis gesessen hatte. Wer weiß, was die arme Frau dort alles mitgemacht hat!

Der Tag ihrer Freilassung war der 2. November, also in etwa zweieinhalb Monaten. Während ich mit meinem Freund, dem Anwalt, telefonierte, schaute ich mir den Zustand meiner Wohnung an. Hier sah es aus, als sei eine Bombe eingeschlagen: Aufgerissene Kartons, überall achtlos hingeworfene Kleidungsstücke, ungespültes Geschirr in der Küche, Essensreste und volle Aschenbecher auf dem Boden. Dennoch blieb mir ja ausreichend Zeit. Zunächst musste ich mir ein Bücherregal bestellen. Kaputte Sachen und Dinge, die ich nicht verwendete, musste ich wegwerfen. Doch dann musste ich die Fenster putzen. Wie viel Staub würde wohl unter dem Bett liegen? Ich sollte mir Putzlappen und Scheuermittel kaufen und die Vorhänge waschen. Der Kühlschrank? Auch der musste gereinigt werden. Der Herd musste repariert werden, denn zwei Flammen funktionierten nicht. Und dann sollte ich noch den Wasserhahn richten lassen. Die künftige Anwesenheit einer Frau konnte sehr wohl Anlass dafür sein, dass ein Mann sein Leben in Ordnung brachte.

Die zwei Stunden Wartezeit vor dem Gefängnis kamen mir wie zwei Jahre vor. Mehr als tausend Mal hatte ich mir überlegt, ob mein Vorhaben nicht doch unsinnig sei und hatte es deshalb wieder aufgegeben. Nun, es war richtig, dass ich mein Leben lang keine Verantwortung übernehmen wollte. Doch jetzt breitete ich für eine einsame, verletzte Frau die Arme aus. Sie würde sich nun in meinen Schutz begeben. Doch konnte ich diese Last auch tragen? Hatte ich die Kraft, die Stärke dazu? Vielleicht würde ich das Leben eines Menschen herabwürdigen, dem ich eigentlich helfen wollte. Wollte ich ihr zu Diensten sein oder suchte ich lediglich eine Möglichkeit meiner Einsamkeit zu entfliehen? Vielleicht war ich ein Mensch, der sich nicht selbst kannte, für den die Einsamkeit aber die angemessene Strafe war.

Gelegentlich erfüllten meine Gedanken noch finsterere Vorstellungen: Schließlich war sie eine Mörderin, die ihren Mann umgebracht hatte. Doch eine innere Stimme sagte mir immer wieder, dass sie unschuldig sei, auch wenn sie ein solches Verbrechen begangen hatte. Sie flüsterte mir zu, dass dieser Höhepunkt ihres Wahns sich nicht wiederholen würde und dass nur ihr Mann, dieser miserable Kerl, sie so weit gebracht habe. Aber dennoch nahm ich es auf mich, bezüglich dieses mysteriösen Vorfalls mit einem riesigen Fragezeichen zu leben. Doch war ich dazu wirklich bereit?

Andererseits war ich ein Mensch, der schnell von allem genug bekam. Was wäre, wenn ich mir eine Jugendliebe aufhalste, sie in meiner Wohnung aufnahm und mich dann mit ihr langweilte? Oder wenn meine

Liebe zu ihr die Sehnsucht nach meiner Kindheit wäre? Vielleicht hatte ich mir diese Liebe im Herzen bewahrt, weil ich wusste, dass sie niemals an meiner Seite leben würde. Vielleicht war Nurhayat Abla nur eine Art Ersatzschlüssel für jene Türen, die ich nicht hatte öffnen können.

Regen setzte ein. Die Nässe auf der Haut tat mir gut. Ich nutzte das angenehme Gefühl, das die Regentropfen bei mir hervorriefen, und versuchte mich dadurch zu entspannen. Allein der Gedanke an sie reichte schon aus, damit ich mich gleich besser fühlte. Immerhin hatte sie so viele Jahre niemanden an ihrer Seite gehabt, mit dem sie hätte glücklich werden können. Ich gab meine Hoffnung auf Liebe, auf Zuneigung auf. Was empfand ich denn in meinem Innern, außer einem steten Gefühl der Bedrückung und der Leere, das mich die ganze Zeit begleitete? Wäre es da nicht besser gewesen, sich mit der Wand zu unterhalten? In einer Wohnung, in der nichts weiter als das Ticken der Uhr zu hören war, dem eigenen Atem zu lauschen? Und was die Kindheitserinnerungen angeht: Nurhayat Abla sollte für den Geruch das Bodens stehen, auf dem ich geboren wurde. Was hatte ich in dieser vergänglichen Welt schon zu verlieren?

Ich spannte meinen Schirm auf, denn der Regen hatte stark zugenommen. Mir kam es vor, als ob eine schwarze Wolke, die nur über dem Gefängnis und mir schwebte, ihre Wassermassen herabschickte. Dicke Regentropfen trommelten heftig auf den Schirm.

In der sich öffnenden Tür würde eine Frau erscheinen: Mein Augenstern, die traurige, süße Nurhayat Abla. Ich würde zu ihr hinspringen und ihr den Koffer abnehmen. Ich würde mich sacht bei ihr einhängen, ohne sie zu erschrecken. Sie würde sich zunächst wundern, denn sie würde mich nicht erkennen. Dann würde ich ihr freundlich erklären, wer ich war. Und daraufhin würde sie mich anlächeln, Tränen würden ihr in die Augen treten und sie würde mich fragen: »Bist du es also, Harun?« Sie würde sich fragen, wie ich sie wohl gefunden hatte. Sie wäre inzwischen zwar etwas älter geworden, doch noch immer strahlte sie die frühere Vornehmheit und traurige Schönheit aus. Sie würde etwas altmodisch, doch geschmackvoll angezogen sein. Mir würden nur die grauen Stellen in ihrem Haar auffallen und ich würde ihr gern über die herrlichen Locken streichen.

Ich würde sie in einen schönen Teegarten führen, mit Blick auf den Bosporus. Das Herz sollte ihr aufgehen, sie sollte sich entspannen und sich daran erinnern, dass die Welt gar kein so schlechter Ort ist. Sie direkt zu mir nach Hause zu bringen, war nicht möglich, denn mir schien es nicht angebracht, sie vor vollendete Tatsachen zu stellen. Ich durfte sie nicht verletzen.

Zunächst musste ich sie um Erlaubnis fragen. Ich wollte sie nun nicht mehr Abla, ältere Schwester, nennen. Als ich noch ein Kind war, trat der Altersunterschied zwischen uns stärker hervor. Nachdem ich erwachsen war, spielte er keine große Rolle mehr. Ich würde ihr sagen, dass sie sogar noch jünger als ich aussah und sie würde über meinen Scherz lachen: »Du hast doch niemanden, keine Menschenseele. Mein Haus ist dein Haus«, wollte ich zu ihr sagen. Ganz in Ruhe wollte ich ihr erklären, was ich mir überlegt hatte, und sie nach ihren Vorstellungen fragen. Meine Worte wollte ich gut wählen, ihr nicht in die Augen schauen, während ich mit ihr sprach, und damit beweisen, dass ich schüchtern war. Daraufhin würden ihre Hände, auf die ich meinen Blick gerichtet hatte, unbeabsichtigt zittern. Ich hätte ihre Finger gern zwischen meinen Handflächen festgehalten, doch würde ich davon Abstand nehmen. Ganz brav wollte ich ihre Antwort abwarten. Und sie würde mit feuchten Augen »Ja!« sagen. »Ja, da du mich in so vielen Jahren nicht vergessen hast und mit mir zusammenleben willst, komme ich mit dir! Ich hoffe, dass meine Leidenszeit nun zu Ende geht. Ich wünsche mir etwas Ruhe und Behaglichkeit und ein Heim, in dem ich leben kann, ohne erniedrigt und verachtet zu werden.« Und ich würde daraufhin ein Taxi rufen und wir würden gemeinsam nach Hause fahren.

Trotz des Schirms war ich inzwischen bis zur Hüfte hinauf vom Regen durchnässt. Ich war nicht in der Lage, mich irgendwo unterzustellen, denn ich hatte Angst, dass ich mich schnell von hier entfernen würde, wenn ich meinen Platz verließ. Also verharrte ich gegenüber dem Gefängnis.

Schließlich öffnete sich das schwere Eisentor tatsächlich. Wie man es aus Filmen kennt und wie ich es mir ausgemalt hatte, trat eine Frau mit einem Koffer in der Hand heraus. Sie blickte zuerst zum Himmel hinauf, dann schaute sie sich um. Ihr Blick verharrte nicht auf mir, er glitt weiter.

Das Herz schlug mir bis zum Hals. Sie ging nun los, doch ich stand wie angewurzelt. Ich konnte ihr Gesicht nicht sehen, weil ich so aufgeregt war oder weil es so stark regnete. Sie ging an mir vorbei, ging weiter. Ihre Schritte ließen die Zeit schneller vergehen.

Nachdem sie schon ein ganzes Stück von mir entfernt war, schrie ich aus vollem Halse: »Nurhayat!«

Sie hielt inne und drehte sich nach mir um. Sie war verwundert. Ganz ergriffen fügte ich noch »Abla!« hinzu.

Sie kam mit schweren Schritten auf mich zu. Ich trat schnell näher.

»Wer sind Sie?«, fragte sie und musterte mich. Ich stellte mich ihr vor, stammelte ein paar Sätze. In Nurhayats Gesicht spiegelte sich weder Scham noch Trauer, weder Sorge noch Schmerz. Sie schaute mich überaus distanziert an und ich begriff in diesem Augenblick, dass ich diese Kluft zwischen uns nie würde überwinden können. Ich stieß einen nach dem anderen jener Sätze hervor, mit denen ich meine Pläne und die Gründe für meinen aufgeregten Auftritt hier vor dem Gefängnis erläutern wollte. Die Distanz zwischen Nurhayat Abla und mir verringerte sich dadurch nicht um einen Millimeter.

»Sie sind ein seltsamer Mensch«, sagte sie und blickte mich an. Doch in ihrer Aussage traten weniger Interesse und Neugierde hervor, vielmehr wurde die Aufmerksamkeit auf das Merkwürdige an dieser Situation gelenkt. Ich wünschte mir jedoch, dass sie ihren Satz fortsetzte, dass sie eine vielleicht törichte Frage stellte, dass sie irgendwie reagierte. Doch sie schwieg. Ich wusste nicht, wohin mit meinen Händen, meinen Armen und versuchte einen Punkt zu finden, auf den ich meinen Blick richten konnte. Je länger das Schweigen andauerte, desto größer wurde der Abstand zwischen uns. Dann posaunte ich plötzlich ein paar Wörter heraus, von denen ich glaubte, sie könnten bedeutungsvoll sein. »Der rote Ball!«, rief ich. »Ich habe Ihnen einen roten Ball ins Gefängnis geschickt, damit Sie sich an mich erinnern. Ich frage mich, ob Sie ihn erhalten haben?« Danach bemühte ich mich sympathisch zu erscheinen, und redete weiter eine Menge Unsinn: »Als ich klein war ... an den goldenen Tagen ... um Ihnen nahe zu sein, rollte ich den roten Ball immer wieder zu Ihren Füßen hin. Von meiner Mutter habe ich deshalb Prügel bekommen.«

Nurhayat Abla lachte nicht über diesen Scherz. »Ich habe nichts derartiges bekommen«, sagte sie. Dann trat sie unruhig von einem Fuß auf den anderen. Nur sie konnte diese seltsame Situation beenden.

»Es tut mir leid«, sagte sie, »ich danke Ihnen für ihre Bemühungen. Dass Sie hergekommen sind, war schon sehr freundlich. Doch akzeptieren Sie bitte, dass mir Ihre Worte äußerst merkwürdig vorkommen. Und außerdem ...« Sie hielt einen Moment inne und schaute sich um, als suchte sie jemanden. »Und außerdem, muss ich nun gehen, wenn Sie erlauben.«

»Natürlich«, sagte ich, »was soll das heißen, dass ich ... Bitte entschuldigen Sie... dass ich Sie so ...«

Doch sie hörte mir gar nicht zu, denn sie hatte sich längst in ihre eigene Welt zurückgezogen. Als sie sich entfernte, kam es mir vor, als hinke sie ein wenig. Schließlich winkte sie ein Taxi herbei, stieg ein und fuhr davon.

Ich blieb einfach so an der gleichen Stelle stehen, bis in alle Ewigkeit, ganz auf mich gestellt.

Das verschollene Mädchen

Die Dunkelheit besteht eigentlich nur aus einer Farbe. Einer einzigen, alles umfassenden Farbe. Sie entstand, als alle Farben ineinander flossen, als sie einander herausforderten. Die Dunkelheit: Eine alles überdeckende Realität.

Dun-kel-heit.

Drei Silben liegen im Kampf miteinander.

Dunkelheit. Werden die Silben zusammengeschrieben, beschreiben sie eine hehre Haltung, eine existenzielle Herausforderung.

Das ist erschreckend, Furcht einflößend, unterwürfig, bedrohlich, ruhig, stumm, feinfühlig, empfindlich, schwach, einsam, brausend, lärmend, verwaist – du und ich sind nicht dabei. Es ist unpersönlich und ganz allgemein.

*

Vor mir lag das Buch. In einer der Suren heißt es:

Dies ist das Buch, das keinen Anlass zu Zweifeln gibt. Es ist eine Rechtleitung für die Gottesfürchtigen ... die an das glauben, was auf dich und von dir herabgesandt wurde ... Gott hat ihre Herzen und ihre Ohren verschlossen. Über ihren Augen liegt ein Schleier und es droht ihnen schwere Strafe ... Gott ist es, der sich über sie lustig macht. Während er sie weiter in ihrem Irrglauben belässt, gewährt er ihnen einen Aufschub ... Der Blitz wird sogleich ihre Augen blenden. Jedes Mal, wenn er vor ihnen aufleuchtet, schreiten sie im Licht voran ... wenn sich Dunkelheit herabsenkt, halten sie an ...

Ich fragte, wer weiß alles über Gott?

Zuerst wurden die Buchstaben von kleinen, tiefschwarzen Staubkörnchen verdeckt:

Di s ist das B ch, das kei en Anl ss zu Z eif ln gib. Es st ei e R chtle tung f r di Got esf rc tigen ... d e an da gla ben, wa a f di h un vo dir h rab esandt wu de ... Got ha ih re Her en u d ihr Ohr n ve schlo sen. ber hren A gen lieg e n Schl ier un es d oht i nen schw re S rafe ...

Dann wurden auch die Wörter abgedeckt:

Dies ------------, d s ke nen An ass ----------- gib . Es st ei e Re htl itu g ------------- f rcht gen ... die a as gl ub n, - ---------- u d vo di her b ------------ ... G tt at ich e Her en ------------- ersch ossen. ---------- A gen l egt ei ------------ nd e d oht hne s hwer Str f ...

Unversehens zerbröselten die gewichtigen Sätze zu schwarzem Sand. Ich machte die Augen auf und schloss sie wieder. Ganz vorsichtig versuchte ich den Staub von meiner Handfläche zu entfernen, indem ich ihn mit meinem Atem behauchte. Dann schloss ich mein Buch: Der Einband war schwarz. Ich kniff die Augen zu: Er war rabenschwarz. Mein Herz bebte: Entschwand die Welt oder ging ich verloren?

Ich klammerte mich fest an meinen Sessel. Um mich herum versank alles im Schwarz. Erst wurde meine rechte Seite, dann auch meine linke schwarz. Währenddessen färbten sich nacheinander und ganz schnell auch der Sessel, der Tisch, der Teppich, das Beistelltischchen, das Glas, der Teller, die Vase, das Papier und Bleistift um Bleistift schwarz. Die Welt wurde in Schwarz getaucht – still und leise. Am schwärzesten Punkt dieser Welt stieß ich einen Schrei aus. Es war ein

Schrei, der nichts bewirkte, der nur zwischen den Wänden des Hauses widerhallte und auf mich zurückschlug. Nachdem der Hall verebbt war und ich begriff, dass ich ausgeliefert war und dass nichts und niemand mein Leid lindern konnte, blieb ich einfach dort sitzen, wo ich gerade war. Einen ganzen Tag lang ... schließlich drei Tage ... und am Ende waren es fünf Tage ... Ich hatte dort einen Traum. Und der ging so:

Ich befand mich in einem riesigen Wald aus mächtigen Bäumen. Doch in diesem Wald waren keine Bäume, wie wir sie kannten. Ihre Wurzeln steckten nicht in der Erde, ihre Zweige streckten sich nicht dem Himmel entgegen und ihre Blätter schaukelten nicht im Wind. Hier streckten sich die Äste der Bäume vom Himmel zur Erde herunter und wurden zu Wurzeln, die sich ins Erdreich gruben. Aus diesen Wurzeln traten wieder Äste hervor, die sich erneut verzweigten. Die Äste und Zweige waren so dicht miteinander verflochten, dass kein Tageslicht durch sie hindurchdrang. Sie saugten das Licht auf und ließen es später an einer Stelle aufscheinen, wo sie es für passend hielten. Wie bei den uns bekannten Bäumen waren auch ihre Blätter grün, doch verwandelten sie sich nach einiger Zeit in zarte Fäden, die in den Farben des Himmels schillerten. Sie blieben zwar stumm, doch flüsterten sie mir Gebete in ihrer eigenen Sprache ins Ohr. Im Schatten und im Licht dieser mächtigen Bäume ging ich langsam und bedächtig in die Tiefe des Waldes hinein. Einerseits fürchtete ich mich vor der Einsamkeit, andererseits war ich von einem seltsamen Gefühl der Ruhe erfüllt. Ich war unausgeglichen.

Da hörte ich ein Weinen. Das ganz leise, verhaltene Weinen eines Kindes. Ich ging dem klagenden Ton nach und fand ein Mädchen mit tiefschwarzen Augen, das am Fuße eines der mächtigsten Bäume saß. Als es mich sah, erhob es sich und blickte mich aus feuchten Augen an.

»Warum weinst du?«, fragte ich das Mädchen.

»Ich weine nicht!«, antwortete das Kind.

»Aber du hast doch geweint. Ich habe deine Stimme gehört. Schau, deine Augen sind ja noch ganz feucht«. Ich beugte mich zu ihr vor und wischte mit der Fingerspitze eine Träne von ihrer Wange. Ihre Haut fühlte sich kühl an. Sie war mir fern und ich zog meine Hand zurück.

»Das kommt vom Lachen«, sagte sie. »Beim Lachen sind mir die Tränen aus den Augen geschossen.«

Jetzt wurde ich doch recht neugierig. Ich nahm all meinen Mut zusammen und fragte sie: »Wer bist du denn? Und was suchst du hier?«

Ohne zu zögern antwortete sie: »Mich gibt es gar nicht und ich suche hier auch nichts.«

Vor lauter Sorge um sie wurde mein Herz kalt wie Eis. Ich wog ihre Antwort sorgfältig ab, doch ich konnte sie nicht einordnen. Dabei begann ich das kleine Mädchen aus den Augenwinkeln näher zu betrachten. Sie musste zehn oder elf Jahre alt sein. Ihre korallenroten Lippen und ihre tiefschwarzen Augen standen im Kontrast zu ihrem weißen Teint. In ihrem Blick lag längst vergessenen Traurigkeit. Es war offensichtlich, dass sie sich schon längere Zeit die Haare nicht mehr gekämmt hatte, denn sie waren so wirr und unordentlich wie die Zweige, unter denen sie saß. Sie trug ein Kleid mit verblichenem Blumenmuster aus einem angerauten Baumwollstoff. Die großen Risse im Stoff waren nicht zu übersehen.

Es war offensichtlich, dass sie nichts sagen würde, wenn ich sie nicht ansprach. Ein von dem riesigen Baum herabfallendes Blatt streichelte ihre Wange. Sie saß ruhig und unbekümmert da, wie ein kleines Kind, das es gewohnt war, dass seine Mutter ihm die Haare kämmte. Ich fragte sie: »Wo sind wir hier? Und was machst du hier?«

»Hier ist der Wald der verschollenen Kinder«, erklärte sie mir. »Ich mache gar nichts, es gibt hier nichts zu tun. Ich sitze einfach nur so herum.«

»Was bedeutet das, der Wald der verschollenen Kinder? Bist du auch ein solches Kind? Und wie ist das passiert?«

Zum ersten Mal bemerkte ich einen zögerlichen Ausdruck auf ihrem Gesicht. Der Grund für dieses Zaudern war entweder darin zu suchen, dass sie mir nicht vertraute, oder es lag daran, dass die Geschichte, die sie mir erzählen wollte, nur schwer zu ertragen war. In der Hoffnung, ihr vielleicht helfen zu können, sagte ich: »Mach dir keine Sorgen, du kannst mir vertrauen. Ich erzähle nichts weiter und werde dich nicht verraten«.

Auf ihren Lippen zeigte sich ein unbestimmtes Lächeln. Von meinen Worten schien sie nicht sehr beeindruckt. Sie senkte den Kopf und musterte mich noch intensiver. Sie schien mich genau zu überprüfen. Ich schwieg, weil ich mich vor der Reaktion auf meine Worte fürchtete. Wenn sie nicht zu sprechen anfangen würde, wollte ich auch nichts sagen. Aber schließlich begann sie im Flüsterton zu erzählen, als wollte sie mir ein Geheimnis anvertrauen: »Um Schuhe zu kaufen bin ich mit meiner Mutter zum Markt gegangen. Schau das sind sie.« Wir beide blickten jetzt auf die Lackschuhe in rosa und weiß. Es war klar, dass sie einstmals ziemlich ins Auge stachen. Nachdem sie sicher war, dass ich die Schuhe ausreichend lange angeschaut hatte, fuhr sie mit ihrer Erzählung fort: »Als wir auf dem Heimweg waren, hielt ein Wagen vor uns. Er war weiß, nagelneu und schnitt uns mit quietschenden Reifen den Weg ab.« Da sie geflüstert hatte, konnte ich die Stellen, an denen sie etwas herumgedruckst hatte, noch leichter erkennen. Dann fuhr sie fort: »Drei Männer stiegen aus dem Auto. Zwei von ihnen packten meine Mutter an den Armen, einer hielt mich fest. Meine Mutter konnte nicht schreien, ich jedoch brüllte aus vollem Halse. Schau so: Aaaaaaaaaaaaaaaaaaaaaaaaaaaaaaaaaaaaaa ...«

Ich glaubte die Trommelfelle in meinen Ohren würden platzen. Sogar die riesigen Bäume bewegten sich unruhig hin und her. Als sie bemerkte, wie sehr sie mich erschreckt hatte, schaute sie mich für einen Augenblick mit einem Anflug von Schadenfreude an, doch schon kurz darauf war sie wieder traurig gestimmt und flüsterte: »Sie packten uns in den Wagen. Zwischen mir und meiner Mutter saß ein dicker Mann. Er schwitzte stark an den Armen. Ich bekam auch etwas von seinem Schweiß ab. Er hielt meine Mutter fest. Mutter und ich konnten einander nicht sehen.« Das Zittern in ihrer Stimme machte mich besorgt. Als ich meine Hand nach ihr ausstreckte, wollte ich ihr meine Anteilnahme zeigen, wollte sie etwas beruhigen und ihr sogar andeuten, dass sie ihre Erzählung auch abbrechen könnte. Doch wich sie schnell einen Schritt zurück und verhinderte, dass ich sie berühren konnte. Dann sprach sie ohne zu stocken weiter: »Wir wurden schließlich in ein großes Gebäude gebracht. Sie steckten uns in einen Raum ohne Fenster. Meine Mutter und ich umklammerten uns. Als wollte ich mich nie mehr von ihr trennen, vergrub ich mein Gesicht an ihrer Brust. Schau so«, sagte sie und drückte im gleichen Augenblick ihren Kopf an meine Brust. Ich wusste nicht, wie ich darauf reagieren sollte. Ich konnte sie nicht umarmen, konnte sie nicht berühren, es war als sei ein Ball an meine Brust geprallt, so dass ich wie betäubt war. Das hatte mir wirklich wehgetan. Sie zog den Kopf auch wieder genauso schnell zurück – wie ein Ball, der zurückspringt. Mit weit aufgerissenen Augen hörte ich ihr zu. Sie sagte: »Sie haben uns natürlich getrennt. Sie haben uns immer wieder getrennt und jedes Mal klammerten wir uns wieder aneinander fest. Aber sie rissen uns auseinander. Sie haben sie mir weggenommen. Jedes Mal wenn meine Mutter zu mir zurückkam, war sie stärker mitgenommen als zuvor, jedes Mal hatte sie weitere Verletzungen im Gesicht und noch mehr blaue Flecken, und jedes Mal lächelte sie mich in der gleichen Weise an. Bis zu unserem letzten Zusammensein zeigte sie mir immer dieses Lächeln. Schau, so lächelte sie!« Das Mädchen lächelte nun, doch nicht mit den Lippen – sie ließ einen Anflug von Lächeln auf ihren Augen und auf deren feuchtem Glanz aufscheinen. Dieser Ausdruck war sehr fein und dabei sehr eindringlich! Hätte ich nicht Sorge gehabt, den Zauber dieses Augenblicks zu zerstören, hätte ich angesichts dieses Lächelns zu weinen begonnen. Eilig fragte ich sie dann: »Und nachher? Was ist nachher passiert?«

»Später haben sie schließlich auch mich abgeholt«, erzählte sie. »Sie brachten mich in einen anderen Raum. Ich musste mich mit erhobenen Händen an der Wand abstützen.« Die Worte, die nun die Stille durchdrangen, erzählten von schrecklichen Erlebnissen.

»Nun ja«, sagte sie, »kurz darauf bin ich dann gestorben«.

Wir saßen beisammen und schwiegen eine ganze Weile. Ich war mit dem Kind durch ein unsichtbares Band verbunden. Etwas später hob ich den Kopf und blickt zu dem Riesenbaum, der uns beide behutsam mit seinen Zweigen umarmte. Er schützte uns vor der Dunkelheit und warf nur einen matten Lichtstrahl auf uns. Ich fragte das Mädchen, wie denn diese Bäume hießen. »Man nennt sie Lebensbäume«, antwortete sie. Ich fragte sie, ob wir ein paar Schritte gehen wollten. Sie gab mir keine Antwort, sondern erhob sich und streckte mir ihre Hand hin. Mit einem Gefühl der Freude, die ich nicht unterdrücken konnte, ergriff ich die Hand des Mädchens und wir begannen zwischen den Lebensbäumen herumzuspazieren.

»Hier also leben wir, wir verschollenen Kinder«, sagte sie. »Man hält uns für tot, aber tatsächlich werden wir nie sterben, denn diese Bäume nähren uns! Komm und schau nur!« Sie führte mich zu einem der Lebensbäume. Dann fasste sie einen der schlanken, grünen Zweige, die sich rosa färbten, und zog ihn zu sich heran. Sie führte ihn zum Mund und saugte lange daran. Dann griff sie einen anderen und zog ihn zu mir herüber. Ich machte es wie das Mädchen und trank von der recht bitteren Milch des Baumes. Dann sprang das Kind auf einen Ast und legte ein großes Blatt auf sein Ohr. »Schau mal«, sagte sie, »komme her und höre zu«. Nun war ich sicher nicht so beweglich wie sie. Ich strauchelte ein wenig, versuchte rechts und links hinauf zu kommen, bis ich es am Ende schaffte und zu ihr gelangte. Das Mädchen hielt mir das Blatt ans Ohr. »Hörst du etwas?«, fragte sie. Ich strengte mich noch ein wenig mehr an und hörte ein unbestimmtes Murmeln, ein leises Summen ... »Und was ist das?«, fragte ich sie. »Das ist die Stimme des Gewissens«, erklärte sie mir. »Sie nimmt langsam ab, aber man kann sie noch hören.«

Mit einem Satz sprang sie von dem Ast herunter. Ich folgte ihr. Wir gingen unter den Lebensbäumen hindurch, hüpften über die Steine und spazierten den Fluss entlang. Hier und da blieb sie stehen und beugte sich zu meinem Ohr. Sie erzählte mir vom Wetter, vom Wasser und von den Steinen. Sie lehnte ihren Kopf an meine Brust und flüsterte mir die Namen bisher nie gesehener Farben zu. »Warum flüsterst du denn?«, fragte ich sie. »Man kann nie wissen, wozu es gut ist«, entgegnete sie. »Wer einmal in die Dunkelheit geraten ist, ist immer etwas misstrauisch.« In den Augen des Mädchens schien ein Licht auf und verlosch gleich wieder, die Wolken warfen tiefe Schatten auf uns. Wir beide versanken in der Dunkelheit!

*

Ich erwachte, erhob mich und verließ das Haus. Dabei stieß ich immer wieder an irgendwelche Sachen. Mit einer Hand stützte ich mich an der Wand ab, die andere streckte ich beim Gehen in die Dunkelheit. Ich ging, soweit mich die Wand leitete. Beim Vorangehen hörte ich Stimmen:

»Ich arbeite ...«

»Als ich früh aufgestanden war, mich angezogen hatte und hinausging ...«

»Irgendwie kann ich meinen Hunger nicht stillen, das Brot reicht nicht ...«

»Ich habe an die Tür geklopft, doch niemand hat geöffnet. Da dachte ich mir ...«

»Niemand da!«

»Ich liebe dich, doch die Antwort ...«

»Auf dem Grund meines Herzens ...«

»Er ist größer als ...«

»Ich fragte nach dem Grund, doch ich erhielt keine Antwort.«

»Einmal ... nur ein einziges Mal ...«

»Ohne Gegenleistung ... ist das denn möglich?«

»Auf jeden Fall ...«

»Ich kann jetzt nicht ...«

»Wie viel Wasser ist geflossen ...«

»Tick, tack ... tick, tack ...«

Sie kommen und gehen und wissen doch von nichts. Sie sind da, aber auch wieder nicht. Sie wissen nicht, was Intuition ist. Sie sind gewissenlos und erkennen nur, was sie gerade vor sich sehen. Mit jedem ihrer Schritte zerquetschen sie Tausende von Ameisen, mit ihren bedeutungslosen Worten erschrecken sie die Vögel, mit ihrem Atem verbreiten sie Unheil. Sie sind unfähig.

Unfähig!

Unfähig!

Unfähig!

Sich anzunähern, jemanden zu berühren, anzustoßen, an sich zu ziehen, zu lieben und zu halten.

Ich war vom Laufen müde geworden. Die Worte, die von der Hölle erzählten, die ich selbst nicht gesehen hatte, hatten mich sehr mitgenommen. Ich ging langsamer.

Nachdem ich mich zuvor mit der rechten Hand an der Wand abgestützt hatte, tastete ich mich nun mit der linken an der Wand entlang und streckte die rechte in die Dunkelheit. So ging ich den gleichen Weg wieder zurück.

*

Ich habe mich ins Haus zurückgezogen – in meine eigene Einsamkeit. Hilflos warte ich darauf, dass sich meine Wut legt. Ich weiß, es ist vergeblich.

Vor mir sind die Wörter zu Boden gefallen, ein Buch ist zu feinem Staub zerfallen. Wenn auch jeder Koranvers in unser Gedächtnis eingegraben ist, so kann doch keiner von ihnen die Erinnerungen an die Träume auslöschen. An jene Träume mit diesen ganz gewöhnlichen, realen Ereignissen, die wir uns nicht selbst ausgedacht hatten, die uns auf dieser Welt vermittelt wurden.

Ich friere. Die Welt ist ganz dunkel. Die Wolken, die Gott einst geschickt hatte, damit es Schatten werde, haben alles Licht verlöschen lassen. In dieser Dunkelheit wurden Körper und Geist der Kinder zerstört.

Und in der Dunkelheit dieser Welt ist Gott nur noch als Schatten vorhanden.

Heilig ... heilige Worte ...

Glossar und Anmerkungen der Übersetzter

Seite 7-14; »Mi Hatice«:
Quellenangabe:
(in der deutschsprachigen Übersetzung von Wolfgang Riemann)
Aus:
Wolfgang Riemann (Hrsg.): İstanbul anlatıyor – Istanbul erzählt.
© 2010 dtv Verlagsgesellschaft, München.

Sirkeci, Cankurtaran, Yenikapı, Kocamustafapaşa, Yedikule, Zeytinburnu, Yenimahalle, Menekşe, Halkalı, Bakırköy, Yeşilyurt und Florya sind Istanbuler Stadtteile.

Das Lied aus der Geschichte »Die Toilettenfrau« heißt im türkischen Original »Haykıracak nefesim« stamm von Fikret Şeneş, (1921 - 2015) und wurde von Ajda Pekkan gesungen:

Her sabah uyandığında beni farzet yanında
Böylece kolaylaşır herşey birden bakarsın gelirim aniden
Fırsat verme gözyaşlarına söz geçmez anılara
Bugünü yaşamak dururken hala dargınsın yarınlara
Haykıracak nefesim kalmasa bile
Ellerim uzanır olduğun yere
Gözlerim görmese ben bulurum yine
Kalbim durmuşsa inan çarpar seninle
Her güzel şey çabuk biter soldular dünkü çiçekler
Ne kuşlar ne de geçen mutlu günler her an benimle beraberler
Aşk başkadır bunlardan döner gelir uzaklardan
Bir ses bir şarkıyla bazen hemen başlar sıfırdan

Seite 65; »Zwei Verkäuferinnen«:
Originaltext des Lieds »Deli Kadın« stamm von Erkin Koray, der
es auch gesungen hat:

> *Deli kadın, sen beni hiç anlamadın*
> *Sopa mopa kar etmiyor taş kafana*
> *Öldüm desem yalan, kaldım desem yalan, hepsi yalan*
> *Deli kadın, sen beni hiç anlamadın*
> *Bir gün aman dileyeceksin*
> *Sen o zaman bileceksin*
> *Aptal gibi, şapşal gibi, sevdim sandım*
> *Artık bıktım dertlerinden, çok usandım*

Seite 137; »Die Schaufensterpuppe«:
Der im Text eingestreute Vers stammt aus dem Gedicht *Rintlerin
akşamı* (Abend der Weisen) von Yahya Kemal Beyatlı (1884-1958).
Das Gedicht wurde später von Münir Nurettin Selçuk vertont und
gehört zu den beliebten Liedern, die jeder in der Türkei kennt. Im
türkischen Original lauten die Zeilen:
> *Dönülmez akşamın ufkundayız*
> *vakit çok geç*
> *bu son fasıldır ey ömrüm*
> *nasıl geçersen geç*

Seite 158/159; »Das verschollene Mädchen«:
Die Zitate am Anfang des Textes sind Fragmente aus der zweiten
Sure [al-Baqarah = die Kuh] des Koran, Verse 2-20.

Istanbul Fotos: © Christos Koliousis, Privatarchiv

BIOGRAPHISCHES

GAYE BORALIOĞLU

Foto: © Muhsin Akgün

Gaye Boralıoğlu
1963 in Istanbul geboren, studierte sie Systematische Philosophie und Logik an der Literatur-Fakultät der Universität Istanbul. Sie arbeitete als Journalistin, Werbetexterin und Drehbuchautorin. In der Zeit nach dem Militärputsch vom 12. September 1980 ist sie, aufgrund ihrer politischen Vorstellungen, verurteilt worden und war für einige Zeit in Haft. Sie hat verschiedene Organisationen im Bereich der Zivilgesellschaft mitbegründet oder aktiv bei ihnen gearbeitet. Sie hat zahlreiche Veröffentlichungen vorzuweisen, ihre Werke sind ins Kurdische und Arabische übersetzt. Der Roman »Aksak Ritim« [Der hinkende Rhythmus] ist 2013 im Binooki Vlg./Berlin erschienen, für den sie mit dem Anerkennungspreis für Literatur von Notre Dame de Sion ausgezeichnet wurde. Für den vorliegenden Band »Die Frauen von Istanbul« gewann sie den in der Türkei renommierten *Yunus Nadi*-Literaturpreis für Erzählungen. Die darin erhaltene Geschichte »Mi Hatice« wurde unter demselben Titel von Denis Durul Metin als Kurzfilm für das Kino verfilmt, der eine Reihe von Preisen gewonnen hat.

WOLFGANG RIEMANN

MONIKA CARBE

Wolfgang Riemann
1944 in Tirol geboren, hat in Frankfurt am Main und Istanbul Turkologie und Islamwissenschaften studiert. Er konzentriert sich – neben anderen Themen der modernen türkischen Literatur – auf die Literatur von Türken in und über Deutschland. Dazu erschien seine Studie *Das Deutschlandbild in der modernen türkischen Literatur* und seine annotierte Bibliographie *Über das Leben in Bitterland. Bibliographie zur türkischen Deutschlandliteratur*. Wolfgang Riemann hat Belletristik – neben Romanen auch zweisprachige Erzählbände – von vielen bekannten türkischen Autoren übersetzt. Er lebt in Frankfurt am Main und in Nürnberg.

Monika Carbe
1945 in der Theaterstadt Meiningen in Thüringen geboren, wuchs ab 1952 in Herford in Westfalen und Umgebung, zeitweise auch in Kopenhagen auf. Sie studierte Germanistik, Indologie und Philosophie in Marburg an der Lahn und schloss ihr Studium 1971 mit einer Promotion über Thomas Mann ab. Nach zwei Jahrzehnten hauptberuflicher pädagogischer Tätigkeit in der Erwachsenenbildung entschloss sie sich ab den 1990er Jahren, freiberuflich als Autorin und literarische Übersetzerin zu arbeiten. Sie schreibt Lyrik, Prosa und Essays, Rezensionen und Kunstkritiken für Zeitungen und Zeitschriften und hat viele Werke aus dem Türkischen und Englischen übersetzt. Monika Carbe lebt heute in Frankfurt am Main.

*Aus dem Verlagsprogramm
Reihe: Via Egnatia*

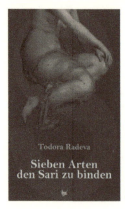

Todora Radeva
Sieben Arten den Sari zu binden
Erzählungen
aus dem Bulgarischen von
Elvira Bormann-Nassonowa
ISBN: 978-3-95771-029-1
eISBN: 978-3-95771-030-7

»Der Sari ist jene dünne, wunderbare Trennwand, die eine Frau vor dem Mann aufbaut und nur aus freiem Willen entfernen kann.«

In der bulgarischen Stadt Plovdiv sind die Frauen geheimnisvoll, pflegen Illusionen, malen Fantasien, kämpfen mit Herz und Verstand für das Halten oder Löschen einer Beziehung und zeigen ihren Einfallsreichtum bei der angenehmen Gestaltung des Alltags: Telefontratsch, Ausflüge, Beobachtungen auf dem Balkon, unaufgeräumte Kleiderschränke.
19 Geschichten aus einem ehemals sozialistischen Ort, der von magischer Atmosphäre umhüllt ist und seine Bewohner im Sog des subtropischen Klimas hält.
19 Erzählungen über Frauen, die Gewinnerinnen und gleichzeitig Verliererinnen der politischen Veränderungen geworden sind.

Todora Radeva wurde 1973 in Plovdiv geboren, studierte an der Kliment-Ohridski-Universität in Sofia Kulturwissenschaften und hat zahlreiche Veröffentlichungen in Bulgarien. Mit ihren Kurzgeschichten »Sieben Arten den Sari zu binden«, gewann sie 2005 den Nationalpreis für Literaturdebüts.

»Das Buch ist eine Ontologie des weiblichen Körpers.«
Kamelia Spasova / Maria Kalinova

Lena Divani
Das siebte Leben des Sachos Sachoulis
Memoiren eines Katers
Roman
aus dem Griechischen
von Brigitte Münch
ISBN: 978-3-95771-027-7
eISBN: 978-3-95771-028-4

Kein gestiefelter, sondern ein gebildeter Kater erzählt uns, wie er die Welt sieht und was er über die Menschen und andere Tiere denkt – dies aus der Sicht seines siebten und letzten Lebens, in dem er die Vollendung seiner Weisheit erlangt hat. Dazu zeigt sich noch eine andere Seite des Katers Sachos Sachoulis: Er kämpft hart um die Liebe seiner »Adoptivmutter«, die er respektvoll-ironisch »Demoiselle« nennt, und noch härter um ihre Bereitschaft, als Schriftstellerin seine Memoiren zu schreiben. Wie wir sehen, ist es ihm schließlich gelungen: Hier sind die Lebenserinnerungen eines außergewöhnlichen Katers.

» Lena Divani reizt zum Lächeln, Lachen und Weinen in einem von der Finanzkrise gebeutelten Griechenland.«
Silvana Mazzocchi, LA REPUBLICA

Leonidas Th. Crysanthopoulos
Aufbruch in Armenien
Chronik eines Diplomaten
aus dem Englischen von Edit Engelmann
ISBN: 978-3-942223-13-3
ISBN: 978-3-942223-54-6

Als die Sowjetunion auseinanderfiel, konkurrierten Russland, die EU und die USA um die führende Rolle im Kaukasus. Ein blutiger Krieg zwischen Aserbaidschan und der Enklave Bergkarabach, die von Armeniern bevölkert war, wurde zum Mittelpunkt dieses Machtkampfes. ›EXIL IN JEREWAN‹ schrieb die Presse über die Stationierung von L. Chrysanthopoulos und seinen drei Mann Botschaftspersonal. Für ihn jedoch bedeutete dieser Posten des ersten Botschafter Griechenlands im neuen unabhängigen Armenien eine goldene Gelegenheit, eine Freundschaft zu erneuern, die so alt war wie die Geschichte. Botschafter Chrysanthopoulos, der auch die Präsidentschaft der Europäischen Union repräsentierte, erzählt die Insider-Story. Er spricht zum ersten Mal darüber, wie externe Mächte während des fehlgeschlagenen Coup d'État im Oktober 1993 in Moskau die Unabhängigkeit Armeniens bedrohten. Er beschreibt die Entwicklung der EU Politik in dieser Region und gibt Einblicke in die Arbeitsweise einzelner Regierungsführer. Der Autor erzählt von den abenteuerlichen Aspekten des Lebens eines Botschafters, von seiner diplomatischen Arbeit und den humanitären Hilfsprojekten, in die er involviert war, von seinen persönlichen Eindrücken über Kultur und Sehenswürdigkeiten, und vor allem von den Lebensumständen, unter denen die Armenier versuchten ihr Land aufzubauen.

Leonidas Th. Chrysanthopoulos ist ein Karrierediplomat; er arbeitete in Toronto, in Peking und bei den ständigen Vertretungen seines Landes bei der Europäischen Union in Brüssel und den Vereinten Nationen in New York. Er war Botschafter in Türkei, Polen, Kanada und Armenien und Generalsekretär der BSEC in Istanbul.

Maria Skiadaresi
Das Herz nach Istanbul tragen
Roman
aus dem Griechischen von Brigitte Münch
ISBN: 978-3-942223-29-4
ISBN: 978-3-942223-36-2

Orestis – verheiratet, eine Tochter – fliegt mit begründeter Angst geschäftlich nach Istanbul, denn zwischen Goldenem Horn und Bosporus wartet die unbewältigte Vergangenheit auf ihn: Kindheit in Athen, Studium in England und eine Studienreise in die Türkei, die ihm das Unerwartete brachte: Murad – die Liebe seines Lebens. Nichts ist jemals für ihn klar geworden, nicht einmal die sexuelle Orientierung. Dreißig Jahre danach trägt er ein vernachlässigtes Herz in die Stadt seiner Träume. Er hört es schlagen. Er hört es klagen. Er hört es fragen. Was ist aus Murad geworden?
Maria Skiadaresi, eine der bekanntesten Schriftstellerinnen der griechischen Gegenwartsliteratur, beschreibt das faszinierende Psychogramm eines Mannes, der im Schatten seiner dominanten Frau lebt und erst im Herbst seines Lebens nach einem Ausgang aus dem Irrgarten der Gefühle sucht.
Ihr Roman ist eine Liebeserklärung an Istanbul und eine Ode an die Liebe, die über Geschlecht und Nationalität steht, sich weder um sozialen Status noch um Ideologie schert und in jedem Körper ein Zuhause finden kann, weiblich oder männlich – die Liebe kennt keine Unterschiede.

Maria Skiadaresi studierte Geschichte und Archäologie an der Philosophischen Fakultät der Universität Athens. Sie beschäftigte sich mit der Prähistorischen Archäologie sowie mit der Neueren Geschichte, arbeitete jahrelang bei archäologischen Ausgrabungen in Kreta und lehrte gleichzeitig Geschichte an einem französischen Lyzeum.

Fotini Tsalikoglou
Die Geheimnisse der Tochter
Roman
aus dem Griechischen von Gesa Singer
ISBN: 978-3-942223-66-9
eISBN: 978-3-942223-67-6

Sie war erst elf Jahre alt und verstand nicht, warum ihre Mutter so wenig sprach und nicht wie alle anderen Mütter war. Wenn der Arzt kam, wirkten alle ernst, schlossen die Tür, sprachen vorsichtig. Manchmal hörte sie laute Stimmen und Kristallglas zerspringen. Dann stellte jemand das Radio laut. Dunkel und kompliziert war alles in ihr und um sie herum. Ihr Kopf dröhnte. Da fing sie an zu schreiben, damit sie den Geheimnissen und dem Geflüster besser lauschen konnte, die mit jedem Tag immer weiter wuchsen und anschwollen, so wie ihr Körper, und zu ihren persönlichen Geheimnissen wurden. Durch die Tagebucheinträge, die im September 1959 beginnen, entwickelt sich eine sprachlich und psychologisch fesselnde Erzählung, geschrieben aus der Perspektive eines Mädchens.
Die Tochter einer unter schweren Depressionen leidenden Mutter versucht, ihr Leben zu verstehen, das von der emotionalen Abwesenheit der Mutter geprägt ist. Ein Abschiedsbrief des Liebhabers regt die Fantasie des Kindes an, das in dieser verworrenen Situation Orientierung zu finden und bei dem Versuch ihrer Selbstwerdung immer wieder die Aufmerksamkeit ihrer Mutter zu erregen strebt.

Fotini Tsalikoglou ist eine der bekanntesten Psychologinnen Griechenlands und schreibt neben ihrer wissenschaftlichen Arbeit Romane und Erzählungen. Der psychologische Scharfsinn gibt ihr das Gespür zur eindringlichen Darstellung der Gefühlslage ihrer Protagonistin.

Iosif Alygizakis
Das Blau der Hyazinthe
Roman
aus dem Griechischen
von Hans-Bernhard Schlumm
ISBN: 978-3-942223-84-3
eISBN: 978-3-942223-85-0

Auf der Suche nach dem ersten Job übernimmt ein angehender Lehrer den Privatunterricht für den 13-jährigen Aristarchos und gibt Nachhilfe in Latein, Griechisch und Aufsatzschreiben. Der jugendliche Lehrer ist der einzige Mann, der seit vielen Jahren die Wohnung von Mutter und Sohn betreten hat, und er glaubt, die Augen des Jungen deuten zu können. Er selbst lebt in ständiger Furcht, sein Geheimnis könnte entdeckt werden – er steht auf Männer – und somit treiben ihn Scham- und Schuldgefühle dazu, bewusst männlich aufzutreten. Doch während des Unterrichts passiert es. Der Lehrer verliebt sich in seinen Schüler. Leiden, Bangen und Täuschen werden seine ständigen Begleiter. Gleichzeitig erlebt Aristarchos seine Pubertät und empfindet den Lehrer als Ersatz-Vaterfigur. Jede Geste wird missverstanden. Von beiden Seiten. Mit verheerenden Folgen.

Iosif Alygizakis, einer der ersten neugriechischen Autoren, der in seinen Romanen offen über homoerotische Themen schreibt, vermittelt in poetischer Sprache die Gefühlswelt eines Mannes, der gefangen ist in der moralischen Verurteilung der Gesellschaft. Die Hafenstadt Chania bildet die Hintergrundkulisse für den hilflos seinen Ängsten ausgelieferten Protagonisten, einen einsamen und träumerischen Lehrer, der zum Zentrum des sexuellen Erwachens seines jungen Schülers wird. Das neue Spiel wird Liebe genannt. Aber wie lange dauert eine jugendliche Liebe? Wie lange dauert eine Liebe mit dem Makel eines gleichgeschlechtlichen Partners, die von einem zum anderen Augenblick eine andere Wendung nehmen kann?

Elena Chouzouri
Die lügnerische Sonne der Kinder
Roman
aus dem Griechischen von Brigitte Münch
ISBN: 978-3-942223-96-6
eISBN: 978-3-942223-97-3

Veronika K., 58 Jahre alt, sucht Schutz, von der Sonne und von den Fragen die ihre innersten brennen: Was hat sie in ihrem usbekischen Geburtsstadt Taschkent wertvolles Zurückgelasen? Wie sah ihr Leben in der Sowjetunion aus? Welches Geheimnis überschattet ihre Kindheit? Was hat ihr dominanter Vater, der als Partisankämpfer und Altkommunist geehrt wird, in Wirtlichkeit ihr angetan? Wo ist ihre große Liebe, der Jude Iosif verblieben? Aufgrund einer Interview-Anfrage der jungen Journalistin Danae, über die Kinder der politischen Flüchtlingen die repatriiert wurden, ist Veronika gezwungen ihre Vergangenheit als Exil-Kind in Usbekistan mit ihrem jetzigen, grauen Leben in Athen zu vergleichen. Eine Recherche mit Folgen ...

Elena Chouzouri beschreibt den Konflikt der zwei Identitäten, der durch Immigration entsteht und von den Eltern zu den Kindern übertragen wird. Die Schicksale der Veronika und Danae sind Schnittpunkte der Geschichte Europas, in dem das Wort »Heimat« als Marke in das Herz der jüngeren Generation gebrannt wird, Kinder, die in einem anderen System mit anderen Werten und Überzeugungen groß werden, zwischen Tradition und Globalisierung ihre eigene Werte suchen und durch ihre persönlichen Verluste und Enttäuschungen Erwachen werden.

»Mutter Heimat, die absolute Fremde.«
Vangelis Chatzivasiliou – To Vima

Panos Ioannides
Eine Familie mit Tieren
Erzählung
aus dem Griechischen von Brigitte Münch
ISBN: 978-3-95771-098-7
eISBN: 978-3-95771-099-4

Für Vater Petros scheint seine Familie eine ganz normale zypriotische Familie zu sein, mit eigenem Haus, großem Garten und bezaubernden Kindern. Doch Elina und Alexandros sprechen nicht nur mit den Tieren, sondern sie geben ihnen sogar Namen, zähmen und pflegen gefundene Igel und Schwalbenbabys, bringen Streunerkatzen und Straßenhunde mit nach Hause und sind fest davon überzeugt dass die Tiere sie verstehen.
Als immer mehr Familienmitglieder, Freunde und Bekannte, dann auch der hysterische Tierhasser Nektarios und vor allem der exzentrische Opa-Alexandros sich in turbulente Tier-Geschichten verwickeln, wird für den Vater Petros klar, dass seine Kinder nicht nur eine besondere Gabe besitzen, sondern auch ihre Umgebung damit anstecken. Eine Eigenschaft mit unverhofften Ergebnissen.
Panos Ioannides beschreibt hier mit viel Poesie und Gefühl eine außergewöhnliche zypriotische Familie, deren Mitglieder zu Beschützern der Tiere werden. Seine Erzählung ist eine Mahnung an die Gesellschaft für mehr Respekt im Umgang mit Tieren, ohne erhobenen Zeigefinger, aber dafür mit viel Witz und Charme.

»Das Buch ragt über die Ebene einer tierliebenden Genremalerei hinaus.«
Georgos Kechagioglou

»Eins der schönsten Bücher über die Beziehung zwischen Mensch und Tier.«
Frangiski Ampatzopoulou

»Eine Geschichte, die den Leser wie ein Rascheln durchläuft.«
Andreas Kounios

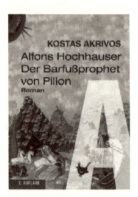

Kostas Akrivos
›Alfons Hochhauser –
Der Barfußprophet von Pilion‹
Roman
aus dem Griechischen
von Hans-Bernhard Schlumm
ISBN: 978-3-942223-19-5
eISBN: 978-3-942223-39-3
2. Auflage

Alfons Hochhauser, und sein unbändiger Freiheitsdrang und Streben nach Unabhängigkeit, schreibt Geschichte. In Pilion. Jahre später ist ein Reporter auf die Spuren dieses Mannes:
»*Am Anfang stand einfache Neugierde. Daraus entwickelte sich ein Interesse. Dieses Interesse vermittelte mir überraschende Einsichten in die Tätigkeiten des ›Fremden‹. Meine Überraschung verwandelte sich im Laufe meiner Untersuchung in Bewunderung für Alfons. Als ich begann, mich mit seinem Leben zu beschäftigen, wurde mir langsam klar, ganz in der Nähe eines Menschen gelebt zu haben, dessen Ruhm über die engen Grenzen unserer Region hinausreichte, ohne dass es mir damals bewusst gewesen wäre ...*«

Kostas Akrivos, 1958 in Volos geboren, studierte Mittelalterliche und Neuere Griechische Literatur und ist Lehrer für Neugriechisch. Er schreibt Romane, Biographien, Kurzgeschichten und Schulbücher. Seine Werke sind in zahlreichen Anthologien erschienen und in mehrere Sprachen übersetzt worden.

Todor Todorov
Immer die Nacht
14 Geschichten am Rande der Welt
aus dem Bulgarischen
von Elvira Bormann-Nassonowa
ISBN: 978-3-95771-081-9
eISBN: 978-3-95771-082-6

Wenn der Tag seine letzten Bronzeschuppen abwirft, der Horizont mit Dunkelheit umhüllt wird, eine angespannte Stille über das Land die Macht übernimmt, und die müden Augen durch plötzliche Gedanken geöffnet werden, dann ist es Zeit, die Nacht willkommen zu heißen. Denn sie bringt Geschenke mit: die magischen Momente, die träumerischen Halluzinationen, das Unmögliche, das Irreale und das Unglaubliche. Den Geist durchdringt die Fantasie. Nachts. Immer nur nachts.
Todor Todorov beweist wieder einmal mit diesen Geschichten, dass er ein begnadeter Meister der Sprache ist. Er führt den Leser mit absoluter Sicherheit durch das Delirium der Nacht und lässt ihn in einem Film-Noir als Komparse ein verrücktes Spiel miterleben. Das Drehbuch besteht aus plötzlichen Wendungen von Wahn und Verbrechen. Hier treffen sich unheilvolle Träumer, Stadtschamanen und Telefonmörder. Alles und Alle bewegen sich auf einem magischen Untergrund: Wörter, Gefühle, Bilder. Die Farben der Dunkelheit. Du und Ich. Gefährliche Geschichten von hier bis zum Rand der Welt. Nachts, wenn die Erinnerung erwacht.
»*In der Dunkelheit ist nichts Dunkles. Die Nacht hat ein leuchtend rotes Herz. Und alles ist rot.*«

www.groessenwahn-verlag.de